U0008348

從**自卑**到**自信**……

從害怕舉手發言到開口常說笑

深閃亮翹自身魅西

此書獻給:

金妍和黃晉，你們是我人生最美好的部分。

我的媽媽爸爸，李惠淑和黃龍吉，

永遠感恩你們的付出和無條件的支持。

所有感到（過）卑微的人，

你的卑微終將成就你的偉大。

沒關係啦自卑

目錄

序言

從自卑者到白宮脫口秀表演，我是如何做到的

大家好，我是黃西，黃瓜的黃，西瓜的西。

很多人認識我，是因為在網路上看過我的一些脫口秀，包括曾作客美國曾經最紅的脫口秀節目《大衛深夜秀》（Late Show with David Letterman），以及當年美國白宮記者年會上的脫口秀表演。那次表演甚至入選了美國的演講組織教材，於是知乎大學來找我講自信。

網路上到處都是自信的演說家，而我的特點是知道如何自卑。

　　不開玩笑，我總結了一下自卑的幾個要素：家庭的影響、學校的教育、工作的環境，但最關鍵的是自身的「努力」。

　　很多人說中國孩子是罵大的。

　　在家裡，很多父母愛說：「你怎麼笨得像豬一樣！」長期被罵，導致很多孩子都有自卑心理。我不一樣，從小到大我爸一直誇我，但我還是很自卑。

　　他是這樣誇的：「黃西，你真行！全班 45 名同學，你考 43，你真行！」

　　在學校，老師愛說：「你們是我教過的所有學生裡面最差的一屆！」我說：「上一屆比我們這一屆還

差！」老師說：「你怎麼知道的？」我說：「我留級了！」

進了職場，有的老闆會讓你感覺自己毫無價值，甚至很緊張。有一次，我的老闆對我說：「公司有你沒你都一樣。」我說：「當然不一樣，你每個月得多付我一份工資。」

但自卑最重要的還是自己的「努力」：總是想到自己的缺點，想別人比自己好的地方，時時刻刻提醒自己「我不行」，同時用語言和行動告訴別人「我不行」。

我留學美國的時候，教授提出了一個問題，我當時有一個想法，但我提醒自己「我英文不好」，於是把想法告訴了身旁的美國同學。這位美國同學舉

起手把我的答案說出來，結果他被教授誇獎了一番。

　　這件事對我刺激很大，我用英文把答案告訴美國同學，我為什麼不能用英文講給整個班級聽呢？這份自卑讓我在學業、工作、生活上遭受了多少損失！我想變得有自信，但做出改變的時候很痛苦，甚至會感到失去自我。

　　後來，我慢慢接觸到了脫口秀，找到了自己的表達方式——用一種幽默的方式去表達內心的想法，去面對自己。

　　很長時間過去了，我依然自卑，但我接受了自己的這份自卑，並把它當作了我的表演風格。

　　結果大家看見了，我在白宮調侃了當時的美國副總統拜登。當全場都為我鼓掌大笑時，那種滿足

感真是無法形容。

　　意料之外的是，10 年後，我調侃的對象成了美國總統，沒想到我的正面影響這麼強！儘管他當了總統之後也沒有對我說什麼感謝的話，我也不太在意，因為我成了唯一一個當面調侃過美國總統和副總統的脫口秀演員。

　　回想起來總覺得有點不可思議：我竟得到了自卑的好處。

　　而能夠得到這份自卑的好處都是因為幽默。

　　因為幽默，我站上了最好的舞臺，有機會表現自己。

　　因為幽默，我得到了認可，成了脫口秀明星。

　　因為幽默，我終於與自卑達成了和解，得到了

我想要的人生。

　　長時間的脫口秀表演和舞臺實踐，加上自身的性格特點，我試著總結出了一套用幽默去化解自卑的方法，這些方法涉及我們生活的方方面面，是實用的：

　　在社交場合上，幽默會把你從冷落的角落帶到話題的中心。

　　在職場裡，幽默會使你從沉默的羔羊蛻變成自信的蝴蝶。

　　在尷尬時，幽默會把你從狼狽不堪的泥沼里拉出來。

　　在受挫時，幽默會撫摸你的傷痛。

　　在孤獨時，幽默會讓你在無聊煩悶甚至憂鬱中

品到一絲喜悅。

在戀愛中，幽默會幫你在開懷大笑的眼睛裡發現愛情的真諦。

同時，幽默也是專業的。從心理學到社會學，從表演理論到脫口秀專業知識，都將在我們接下來的十五章中得到展現。

需要說明的是，我的幽默方法論是個「四無產品」：無低級笑話，無惡意吐槽，無油嘴滑舌，無罐頭笑聲。

也就是說，這不僅僅是一本用幽默化解自卑的寶典，也是一堂有關我們自身心理建設、人際關係改造、公開表達、創新思考甚至脫口秀表演的綜合

私人課程。

　　如果你恰好和我一樣，也是一個自卑的人，無論是全職還是兼職自卑的人，都趕緊閱讀這本書吧，讓我們一起用幽默點亮自卑。

01

做一個

找不到

自我定位

的人

人們常說，自卑的人最大的問題是找不到自我定位──沒有目標，不知道自己能幹什麼、適合幹什麼，所以做什麼都缺乏自信。

我的觀點不一樣──找不到自我定位根本就不是什麼大問題，也許還是好事呢。

我就是一個從來都沒有找到自我定位的人。

我很小的時候，對自己的定位是成為國家領導人；讀書後，定位改成了科學家；後來真的成為科研人員，我對自己的定位卻變成了一名脫口秀演員。現在，我對自己的定位是不油膩的中年男人。目前來看，我算是找到了自己百分之七八十的定位：不油膩，中年，是不是男人得看我老婆的心情。

以我為例是為了說明：自我定位其實是很難找

到的，它會隨著年齡、閱歷和每個階段的實際需求產生變化。更慘的是，有些人可能一輩子都沒找到過自己的定位。

有一個計程車司機跟我說：「我已經 67 歲了，但我還是不知道自己想幹什麼，該幹什麼。」

其實這沒什麼。

退一步說，就算你自認為找到了自我定位，你能確定你找到的自我定位就是你真正的自我定位嗎？這句話有點繞口——答案也不一定。

我兒子說得好：「爸，你總是把自己定位成我的朋友，每當我功課不及格的時候，你卻告訴我：『什麼朋友不朋友的，別扯這些有的沒的，我就是你老子！』」

再比如美國前總統川普，他的自我定位是一位優秀的總統，但我認為他真實的定位是一名三流脫口秀演員。

　　也有一種說法是，找到自我定位，實際是讓大家認清自己。這就更不可靠了。一個人怎麼可能認清自己呢？孔子這麼偉大，也從沒認清過自己。子曰「吾日三省吾身」，一天反省自己三次，試圖認清自己，但從未成功，只能日復一日地自省。

　　總而言之，找不到定位、認不清自己再正常不過了。

　　我們是人，又不是導航，哪能那麼精確地找到自己的定位，然後按照志玲姐姐指引的方向實現自我呢　？

01

因此，找不到自我定位的確會讓人自卑，但問題沒有想像的嚴重。

　　那麼，我為什麼會說找不到自我定位是件好事呢？

找不到自我定位能幫你獲得
不怕失敗的勇氣

　　說一個大家都知道的故事：龜兔賽跑。兔子非常清楚自己是個跑步高手，算是自我定位準確吧，烏龜跑那麼慢，牠也敢去挑戰兔子，這叫什麼？自我定位不清楚，不自量力。結果呢，大家都知道，烏龜贏了兔子，定位不清的贏了定位清楚的。

◆　林志玲為大陸知名導航系統代言獻聲。

很多人說，那是因為兔子輕敵偷懶。可問題是，正是因為牠太清楚自己的實力，才會輕敵偷懶。而烏龜，雖然找不到自我定位，但牠接受了挑戰，如果牠真的認清自己，是絕對不敢去參加這樣的比賽的——好比我，是絕對不敢去跟姚明比賽籃球的，一方面是從實力上說我根本打不過，另一方面我也怕丟臉。烏龜的不自量力幫了牠。

自我定位太清楚會成為一種執念

再來說一個大家都熟悉的例子：

著名的系列小說《哈利波特》中，主角哈利在進入霍格華茲魔法學校前，根本不知道自己是個巫師，他從來沒有定位過自己的身分和人生，只是

希望擺脫對自己不好的阿姨一家，去哪裡，去幹什麼，他都無所謂。

直到後來，在慢慢學習魔法的過程中，在與佛地魔的一次次較量中，他慢慢找到了自我，最終成了偉大的魔法師。

而故事中反面的例子，跩哥・馬份，出生於巫師家庭，他也一直把自己定位成「純血」的巫師，歧視麻瓜，把他們稱為「麻種」，自身卻資質平平，總是敗給哈利，甚至還差點幹出罪惡的事，幸好他尚存的一絲善念拯救了他。最終，他放下純血的執念，結婚生子。

他們兩個，一個定位不清晰卻走向了成功，一個定位太清晰卻差點因執念而自我毀滅。

找不到自我定位會迫使你不斷嘗試

再說一個我自己的故事。大家都知道，我在做脫口秀演員之前，是在生物實驗室工作的。當時別人對我以及我對自己的定位就是刻板的理工男，穿白袍，戴高度數眼鏡，一板一眼地工作，不容出錯。結果我卻意外愛上了脫口秀。

有段時間我的自我定位就模糊了，不知道自己到底想幹什麼，適合幹什麼。在這種情況下，我的選擇是去嘗試，白天繼續工作，晚上去俱樂部說脫口秀。

那段時間很多人嘲笑我，懷疑我，甚至我的家人也覺得我在美國用英語和美國人拚脫口秀，拿自己的短處和別人的長處拚，這不是傻了嗎？的確，

我開始講英文段子的時候,有人告訴我:「你講得可能很有意思,但我聽不明白你說什麼。」

我參加各種比賽都輸。直到遇到一個以「模仿中文口語」為主題的即興比賽,我高興壞了:「我的機會終於來了!」這個比賽我拿了第二名,一個黑人哥兒們拿了第一。我嫉妒地問他:「你是怎麼做到的?」他說:「我就是模仿你說的英語啊。」

既然一個人很難找到自我定位,也不太可能認清自己,那該怎麼辦?身為一名同樣找不到自我定位的自卑達人,我倒是有一些經驗和大家分享:

首先，做了再說

我認識很多人，做事情之前總喜歡先立flag。有些朋友想成為脫口秀演員，他們先找定位，是什麼風格型的演員，是李誕那種「人間不值得」玩世不恭略顯頹廢的寫作型，還是王建國的東北風，是呼蘭的理工男智慧型，還是楊笠清新犀利的女性視角型……琢磨了好長時間，忘了寫段子，也沒空上臺表演。

其實風格這個東西是做出來的。這些人最應該立的flag就是：今後沒事少立flag。

伊隆·馬斯克（Elon Musk）一開始也沒有把自己定義為「矽谷鋼鐵人」，他和他的弟弟最開始做了一個支付平臺，然後才有了特斯拉，可回收火

箭、星鏈，一直到後來將自己的方向瞄準了火星。

　　沒有定位，沒有方向，可以先做，學習了金融、創業、技術整合，經歷屢次失敗和他人的譏諷後，在低谷裡重新定義未來。

其次，做你能控制的事情

　　世上多數事情都是我們無法控制的，比如成功、出名、發財。每個人達到這些目標的途徑也都不一樣，在沒有這些的時候，你可能會越想越複雜，越想越自卑。這時候怎麼辦？

　　在無所適從，甚至是自卑和焦慮的時候，大家可以試試著名的「兩分鐘法則」：如果一件事情可以兩分鐘內解決，無論是什麼事情，馬上著手解決，

反之，則把它推遲。這些事情可能很小，比如洗個澡，洗個碗，或整理一下房間，完全不需要事先計畫或者自我定位，隨手就能完成。這些事情解決與否可能和你宏大的人生目標沒有直接聯繫，但是每完成一件事情，哪怕事情再小，也會產生成就感，它會刺激你繼續做下去，自卑感也會隨之減少。

最後，把事情做精細

接下來你要認真嘗試，嘗試的時候要全力以赴。

當一件事你沒有做好，甚至失敗的時候，你還是想做，這件事可能就是你應該一直做下去的事業。之後你將一件事情越做越精，越做越好，自然就會有成就感，而這份成就感很可能成為你自我定

沒關係啦自卑

01

位的標準。

　　比如我原本並不確定自己會成為脫口秀演員，但我寫段子，上臺練習，一個段子在不同時間和場合反覆講，突然有一天，我就取得了成就，這時候再來定位一下自己：嗯，我可能天生就適合說笑話。看起來有些搞笑，但事實很可能就是這樣：自我定位不是目標，而是結果。

總結一下，三步驟：先做再說，然後做自己能控制的事情，最後把這件事情做精細。至於定不定位什麼的，暫時拋到一邊。當你真正做成一些事情後，哪怕是很小的事情，也會有收穫，而這份收穫就是對付自卑最好的武器。

　　不知道怎麼去生活，才是最好的生活。我們就做一個找不到自我定位的人吧！當然，除此之外，生活中還有很多讓人自卑的事情，我們又該何去何從呢？請看下一章，逃避可恥，但太爽了。

沒關係啦自卑

我是一名自卑達人，常常有人說我遇事不積極，喜歡逃避，害怕面對，似乎逃避已經成了自卑的代名詞。

我覺得他們說得對，自卑的人就是喜歡逃避，而逃避也的確是一件不光彩的事情，但那又怎樣呢？前段時間有部日劇很火，叫《逃避雖可恥但有用》（台譯：月薪嬌妻），要我說：逃避不僅有用，簡直太爽了。

首先我們要搞清楚什麼叫逃避。

逃，逃跑；避，躲避。逃避的本來屬性應該是動詞。

比如，我們走在森林裡，遇到了老虎，怎麼辦？當然是逃避了，難不成還走上前去，微笑著拍

拍老虎的肩膀，說：「嘿，哥兒們，你別吃我，我給你來段脫口秀開心一下？」這不實際。

所以，當我們逃避的是危險，那麼一切都無可厚非。

接下來要說到逃避的第二層意思了。

《現代漢語詞典》裡對逃避的解釋是：躲開不願意或不敢接觸的事物。這裡又包含著「不願」與「不敢」兩個意思。不願，包含著主動的意願，理由可以是不喜歡。例如，在咖啡館大聲談生意的，在街上隨地吐痰的（搞不好就吐到你身上），還有在大街上推銷的。

還有就是「不敢」，這是一種被動的表現，理由

是害怕、恐懼。

　　人們不齒的通常就是「不敢」，覺得沒出息，於是把逃避跟懦弱畫上等號，而懦弱是自卑的典型特徵。

　　此外，逃避的方式有很多種。

　　比如拖延症。

　　我兒子就有嚴重的拖延症，每次叫他寫作業，他就開始拖延，一會兒說要上廁所，一會兒又說肚子餓。有時候我冷靜一想，如果沒點拖延症，在現在這個忙碌的社會和學校，可能連遐想、做白日夢、發呆的時間都沒有。有時候我看他讀書太辛苦會提醒他：「是不是該上個廁所讓眼睛休息一下？」

有一種逃避是消費。

這點在女性身上尤為明顯。拿我老婆舉例，每次我看見她在手機上看網拍，就問她：「又在買東西嗎？」她通常頭也不抬，回答我：「不，我在逃避生活。」所以我建議網拍平台以後把「雙十一」改改名，不要叫「雙十一」了，就叫「逃避日」。要是每個月的信用卡帳單也可以逃避掉就好了。

有的男人會逃避家庭。

男人又想逃避工作，又想逃避家庭──早早下班後自己在車裡待兩個小時。我有個朋友，有老婆有孩子，下了班卻從不回家，要麼和同事們去唱歌打麻將，要麼一個人去健身房健身。實在累了要回

家，就一個人躲在書房上網打遊戲。不過他最近好一點了，因為他發現自己老婆關注了楊永信 。

　　逃避其實是人的常態，我們應該如何正確認識逃避與自卑的關係呢？

首先，我認為，逃避是人的本能

　　人的本能是什麼？四個字可以總結，趨利避害。

　　有價值的、對我們有用的，我們就去追逐；對我們有害的、令我們恐懼的，我們就應該逃避。這沒什麼可羞恥的。從這個角度看，逃避並不是懦

◆ 楊永信：為精神科醫生和戒網癮專家。其使用電擊等手段強制治療網癮患者的行為受到媒體和網民的廣泛討論與批評。

弱，而是一種選擇，什麼對我們有利，什麼對我們有害，身體已經幫我們做出了選擇。

其次，逃避是一種自我保護，能減輕傷害

撇開危險不談，逃避不願或不敢面對的人和事，也是一種自保。精神分析學派的創始人佛洛德曾經提出過一個概念，叫作心理防禦機制。他認為，人格結構包括「本我」、「自我」和「超我」三部分。

「本我」由先天本能、基本欲望組成，是儲存心理能量的地方，它尋求直接和立即滿足需要，只受「快樂原則」支配。「自我」是現實化的本能，在現實的反覆作用下遵循「現實原則」既追求欲望的滿足，又力求避免痛苦。「超我」是道德化的自我，代

表社會道德標準。

　　我們在電影電視裡面常看到，角色面臨抉擇的時候，腦海裡會出現兩個小人，一個是惡魔，一個是天使。惡魔教你放縱，人生苦短，天使勸你做一個高尚的令人羨慕和尊敬的人。惡魔就是本我，天使就是超我。你就是本我，即聽了天使和惡魔的話之後的你現實的樣子。

　　比如我經常晚上 12 點突然想吃炸雞喝啤酒，腦子裡出現兩個小人，一個說：「痛快吃喝，人生幾何？」另一個小人呢？是個啞巴。減肥很難。

　　「自我」通常很難既滿足「本我」和「超我」的要求，又符合現實原則，它必然會遇到一些挫折。

　　為了減輕恐懼、焦慮、緊張等心理壓力，使機

體免受損失，個體就用投射、昇華、文飾、自居、壓抑等行為方式來應付挫折，這就是心理防禦機制。由於每個人的個性特點和遭遇挫折時的情境不同，採用的防禦機制也不相同。

心理防衛機制的積極意義在於能夠使主體在遭受困難與挫折後減輕或免除精神壓力，恢復心理平衡，甚至激發主體的主觀能動性，激勵主體以頑強的毅力克服困難，戰勝挫折。

上面這段話有點學術性，翻譯過來的意思就是，想開點，不要硬碰硬。

我一直覺得人的內心就像是一台精密的儀器，而且是精密的玻璃儀器。你不得不拿來使用，但同時也需要保護它以免輕易受損。每一次硬扛都可能

是一次過度損害，一旦造成無法修復的心理疾病，那麻煩就大了。

很多直男追女孩的時候不知不覺就硬著來。看見喜歡的女孩就問：「跟我交往好嗎？」女孩當然說不行。男孩可能好久都不會再有追女孩的勇氣。如果先逃避一下你相貌平平、才能不出眾的現實，和她交個朋友，然後再找機會表白，既能保護自己脆弱的心靈，也能保護你在女孩心目中的形象。

此外，我認為，逃避不過是別人對你的看法，甚至是一種誤解。

大家都知道，我以前在美國從事生物科學，在很多人看來，那是正業。後來我開始不務正業，說

起了脫口秀，於是包括親戚朋友在內的很多人都會覺得，黃西放棄了自己的人生，他在逃避。他們看不到我為成為一名脫口秀演員所付出的努力，我每天早上爬起來去寫段子，獨自對著鏡子練習表演。他們也看不到我鼓起勇氣走上舞臺時的決心以及無法逗笑別人時的痛楚。

對，沒錯，我是在逃避，不過我逃避的只是世人眼中的標準，而面對了一條自己喜歡的人生之路。

逃避其實也是一種歸零的辦法。就像你的電腦，打開的軟體太多，想做的事情太多，結果所有的事情都慢下來。這時候關機重啟，可以關掉很多不重要的東西，讓最關鍵的功能得以改善。人生太嘈雜，每個人想做和需要做的事情都太多，逃避一

下，讓身心有個從零開始的新鮮動力，這不是壞事。

最後，身為逃避大師，我可以給大家一些實際的「逃避小技能」，邀請大家加入這個因為逃避而感到自卑的大家庭：

關掉手機和電腦在內的所有通訊設備

讓任何人都找不到你，逃避一兩天，看書，寫字，看電影，大吃一頓，或者去旅行，放空自己，就當是休整──前提是不要打開社群平台。

當然，對於工作很忙的人而言，逃避一兩天太奢侈了。那就利用一切可逃避的時間逃避。比如我，每次坐長途飛機的時候是我感到最平靜的時

候。關掉手機，人也不能動，只能在座位上，望著窗外的雲層發呆，或集中注意力看會兒書，這段時間就是一次小小的逃避。

拒絕一切不想參與的無謂社交

記得誰說過一句話，如果自己能力不夠，再多的社交都不過是讓你成為別人通訊錄上可有可無的一個名字。

大家可能會有體會，每次出去見人，認不認識的都要加你好友，好像加了之後大家就會熟一點，但實際上不會聯繫的永遠也不會聯繫了。所以我的辦法是，帶兩支手機，一支手機專門用來給別人加好友，現在我那支手機的通訊錄裡已經加了幾千個好友了。

盡量不要承擔一些你承擔不起的責任

比如不想結婚就不要結婚,不想生孩子就不要生,買不起房就租房,不要被三姑六婆干擾。

我始終覺得,任何試圖以他們的想法來指導你生活的人,都是心懷惡意的。對於這些人,你完全可以不留情面地反擊——如果她們再問你為什麼不結婚,你就反問她們:為什麼不生第二胎呢?

嘗試寫日記,把內心真實的想法記下來

人只有在獨自寫作的時候,才會真正地去面對自己。在深夜埋首寫日記時,沒有人會對自己撒謊,那是毫無必要的,除非你是個作家,期待自己哪天死後,有人把你寫的所有東西都挖出來出版給

02

世人看。不過那樣也沒關係，反正你自己是看不到了。

　　無論如何，我們可以逃避危險，逃避現實生活，逃避一切我們害怕面對的人和事，但我們不能逃避自我，因為那是一道我們身為人必須堅守的最後的防線。

　　這一章到這裡就結束了，接下來我會以自己的經驗來分享一些日常生活中實際的幽默溝通技巧，歡迎大家繼續閱讀。

03

幽默的尺度：

說個笑話，

或

成為笑話

我們在生活中與人交往時常常會開點玩笑，或者說個笑話，以此來活躍氣氛。有時候尺度掌握不好，說出來的笑話不僅不好笑，還容易傷到別人，導致自己成了笑話。那究竟怎麼掌握幽默的尺度呢？

我的觀點是，以中央電視臺的尺度來要求自己。

這麼說，有的人就會跳出來反對了：這不是自我設限嗎？說個笑話也要思前想後，還有沒有自由表達的空間了？其實，所謂自由都是相對的，自己在家隨便怎麼表達都可以，赤身裸體說笑話都行，只要別線上直播。可一旦涉及「公共區域」，影響到「他人」，通常就會有尺度規範。

這應該是常識。

尺度，其實就是我們常說的分寸感。分寸感拿捏得當，是檢驗一個說笑話的人是否成熟的標誌。

具體可以分為三個方面：

性別

我們說笑話，首先面對的問題是說給誰聽，也就是對象是誰，其中可以再細分為幾個方面，第一個是性別。

對象是男是女，從某種意義上來說，決定了大致的尺度。舉個例子：

「早安啊，你看起來精神不太好，昨晚是不是太辛苦了？」

這個玩笑明顯帶有顏色，適合男人與男人之間。

但是，如果對方是女性，就顯然不合適了，不僅會讓對方覺得尷尬，你還可能獲得一個投訴。

簡單點說，帶有性意味的笑話只適合在同性之間開，在異性之間屬於性騷擾。當然，在搞不清對方性別的時候就更不要講有危險性的笑話了。

熟悉程度

撇開性別不談，即便是同性之間，面對熟人與陌生人，說笑話的尺度也完全不同。對於陌生人，大家第一次見面，說個笑話，說得好能迅速拉近兩人之間的距離，說得不好就會得罪人。

有一次，我問一位初次見面的新同事：「你說今天這是霧呢，還是霾呢？」同事輕描淡寫地說：「這

算晴天。」

大家共同關心的公共話題，比如天氣、交通、房價等，是最容易拉近談話雙方距離的。

內容禁忌

有些玩笑，無論對方是男是女，是陌生人還是熟人，都不要開，因為涉及底線。

禁忌 1：不開政治玩笑。

在美國開政治人物的玩笑是常有的事，主持人愛說，觀眾也愛聽。但每個人的喜好和信仰不一樣，隨意開政治人物的玩笑，你可能覺得不關他的事，對方卻可能會覺得情感受到了侮辱，以致鬧

沒關係啦自卑

03

得不歡而散。每個國家的情況和法令不同，尺度也不同，即使在美國朋友和同事之間，為了避免不愉快，大家也都避開政治和宗教的話題。出於互相的尊重，這類玩笑能不開就不開吧。

如果你不小心碰到了這種愛開政治玩笑的人，我教你一個辦法，拿出手機，把鏡頭對準他，然後說：「講得太好了，我拍下來替你發上網？」他馬上會住口。

禁忌 2：不拿人家的私事開玩笑

人與人之間最起碼的禮貌就是要尊重對方的隱私，像對方的家庭、收入、疾病等，都不要拿來開玩笑。

有一個哥兒們去朋友家做客。朋友剛生了孩子，他一看，就說：「喲，你兒子長得好像我啊。」據說他現在還在醫院裡躺著。

禁忌 3：不開弱勢群體的玩笑，包括窮人和從事底層工作的人

這樣的玩笑一方面顯得不平等，缺乏對對方的尊重；另一方面，嘲諷弱勢群體這件事，從出發點上就錯了，對段子本身而言不僅不會好笑，反而會令人反感。

禁忌 4：一些社會約定俗成的公共道德玩笑不開

比如地域和種族歧視的玩笑不開，同性戀的玩

沒關係啦自卑

笑不開，所謂「都市人與鄉下人」、「本地人與外地人」的玩笑不開……很多玩笑並不有趣，卻帶有一絲沾沾自喜的優越感，令人感到厭惡和不安。

　　總結來說，政治笑話、隱私笑話、低級的黃色笑話、弱勢群體的笑話、引發道德爭議的笑話等，都不要開。大家可以試著比對一下，是不是和中央電視台的尺度很相似？

　　說到這裡，很多人可能會問，既然開玩笑有這麼多禁忌，那到底什麼樣的玩笑才適合開呢？接下來是一些如何開玩笑不會突破尺度的建議：

建議 1：提前做功課

簡單說，就是提前瞭解你要說笑話的對象。

他（她）的個性如何，有沒有什麼禁忌（比如宗教或者民族習俗），對什麼感興趣，最近正在做什麼事情，諸如此類。

現在社交網路這麼發達，我們在見一個人之前，完全可以先簡單瞭解一下，以免犯錯。

以我第一次和崔永元 見面為例，他是個愛開玩笑的人，他一見我就說：「黃西啊，看到你我就開心，你的幽默治癒了我的憂鬱。」我回答說：「不，崔老師，是你的憂鬱治癒了我的幽默。」

───────

◆ 崔元永：知名主持人，曾患有憂鬱症並常分享走出憂鬱症的相關經驗。

沒關係啦自卑

03

建議 2：先觀察，再說笑

開玩笑是需要觀察能力的，觀察對方可以接受多大尺度的笑話。

如果把人比喻為一個陶罐，對度量大的人怎麼開玩笑都行，而對度量小的人則盡量少開玩笑。我們可以先不說話，看看對方到底是哪一種陶罐，再決定說怎樣的笑話。

這種事情不能直接問，只能觀察。

如果你直接問：「你喜歡開玩笑嗎？」大部分人都會說：「喜歡啊！」但是他們能接受的尺度是沒辦法問，也問不出來的。比如：「你能接受關於開車的段子嗎？」、「體重的呢？」對方可能已經開始敏感起來了：「你說誰胖呢？！」

建議 3：多開自己的玩笑

開玩笑有風險，但在某些場合又必須得活躍氣氛，那麼就開自己玩笑。

開自己的玩笑是最沒風險，也最容易獲得他人認可的方式。在最近很火的脫口秀節目上，我們可以看到，明星上場自黑已經成了所有人都可以接受的看點。同樣，在生活中，我們把自己放低一點，多開開自己的玩笑，絕對是一個很好的辦法——因為自己很清楚尺度在哪裡。

我每次上臺基本上都會開自己的玩笑。我在美國的時候，因為亞裔本身就是弱勢群體，加上我的英語充滿了東北口音，說的是自己在美國打拚時遭遇的倒楣事，大家看得哈哈大笑，之後也多了一份

沒關係啦自卑

對移民的理解。

　　比如在大衛深夜秀上，我上臺的第一句話就是：
「大家好，我能表演的時間不多，因為我的綠卡快到
期了……」

建議 4：當聽眾

　　這一招最有效，如果你搞不清楚尺度，最好的
辦法就是做一個好聽眾。

　　我就是從一個聽眾做起的。聽別人講段子，開
心地笑，好好捧場，可能是拉近距離最好的辦法。
透過對方的話和對方的段子，你可以觀察了解對
方，在適當的時候再講自己的段子。

　　溝通心理學強調，一個善於溝通的人首先應該

是一個聽眾，「傾聽」被列為比「說」還重要的溝通技能。相聲演員常說：「語言是一門藝術。」而我認為，傾聽同樣是一門藝術，是建立自己良好形象的最簡單的辦法，不懂得傾聽的人是無法取得成功的──貝多芬除外。

「我們花一年時間學會說話，卻要花一輩子學會閉嘴。」

沒關係啦自卑

03

說到底，笑話只是一種用來溝通的手段，如果我們把人與人之間的關係比作齒輪，用得好，它就是潤滑劑，用得不好，它就是快乾膠，根本轉不動。

　　當然，在人際交往之中，僅僅會說一些尺度內的笑話還不夠，必須讓人覺得你的笑話有品質、有內涵、不膚淺，這就需要智慧的添加。

　　怎樣才能讓自己的幽默看起來充滿智慧呢？我們下一章繼續講。

智慧話語：

人人愛聽

聰明話

剛開始，我講的脫口秀效果很不好。

堅持了三四年後，我碰到一位在這行幹了二十多年的「老司機」。他看了我的表演後跟我說：「黃西，你的段子需要別人想一想才能笑。所以你應該放慢速度講，講完之後給觀眾一些時間去琢磨。」

我聽了他的話，一點一點地形成了我的冷笑話風格。很多人對我的認識也是「一個說冷笑話的人」。

在這個過程中我明白了一個道理：大家愛聽笑話，但更愛聽智慧的笑話。

某種程度上，智慧是化解自卑的底氣，與自卑是此消彼長的。智慧多一點，自卑就會少一點。而那些能說出智慧笑話的人，已經將自卑死死踩在了腳下。

這是什麼原因呢？我試著分析了一下。

世人都有智力崇拜

人的一生，通常是被用智力來評判的。

從這點看，智力有很利益導向的一面。

小時候，大人誇你會說：「喲，這孩子聰明啊，長大一定有出息。」看看，聰明與否直接決定了你未來能否成功。

到了成年，大家在不認識你的情況下，首先拿來判斷你的東西是什麼？學歷。找工作，學歷是個門檻；找對象，學歷是個籌碼；現在就連為孩子找個好學校也得看學歷——「對不起，我們這裡的家長都是碩士以上學歷，您才大學畢業，所以是不是考慮給孩子換個學校？」

很勢利，也很現實。

04

從某種程度上說，我的成功是沾了「人人都有智力崇拜」的光。

到了老年，那就更容易沾光了。在很多人的眼裡，老者等同於智者。你要是留個白鬍子，減減肥，走起路來一副仙風道骨的模樣，那大家簡直就把你當作活神仙一樣崇拜。

最近幾年，美國卻出現了「反智」傾向：大家覺得有頭腦的人不夠酷、不受人待見。大部分學校裡的學霸被叫作Nerd（書呆子）甚至是Geek（怪胎），是不受異性歡迎的另類。甚至在有些學校裡，交作業就會挨揍。小布希、川普能當選美國總統便與這種「反智」傾向不無關係。尤其是川普，他說話的水準和美國小學四年級的學生差不多。

外國人對中國人的刻板印象之一就是智慧，所以這種趨勢對大多數中國人是不利的。

不過所有的事情都是物極必反。隨著高科技產業的發展和民眾教育水準的提高，全球都有更加認可智慧的傾向。《生活大爆炸》、《矽谷》、《小謝爾頓》等關於學霸的劇非常流行，甚至產生了一個新詞——Sapiosexual（高智商控），認為有智慧的人更性感。

聰明的笑話看起來更高明

人最怕的不是被別人打倒在地，而是怕被人說傻。身體的弱勢產生的創傷是可以修補的，回頭還能偷偷罵打人者一句「傻大個」和「有勇無謀」。但智力上的弱勢會造成心理和精神的創傷。因為智

力是無形的，所以大多數人都覺得人們在這方面差異不大，即便你受教育的程度高、見識廣、語言能力強，一般人也不會覺得你比他聰明。

所以，那些罵人的話大多與智商有關：傻×、笨蛋、蠢貨、神經病、腦子進水、弱智等，好像這樣罵人能建立起自己的智商優越感似的，並得到精神滿足。

表現在笑話上，智慧的笑話看起來更高明。而能「聽懂」高明的笑話，說明自己也高明，進而讓精神愉悅。

比誰嗓門更大的喜劇表演方式或許已經過時了

曾幾何時，我們的舞臺上流行那種誰嗓門大誰

就厲害的喜劇表演，比如春晚上的小品，好傢伙，嗓門真是一個比一個大。我每年除夕夜都睡不好覺，只要一閉眼，就會被電視裡的小品演員喊醒。關了電視，鄰居家的電視又喊起來了。

　　有一年，有個導演來找我，說能不能準備一段脫口秀上春晚表演。我認真準備了好幾個月，最終連初審都沒通過。他們的意見是：「黃西，你怎麼就不喊呢？」

　　據我所知，在美國脫口秀幾十年的歷史裡，沒有幾個人是靠喊紅起來的，因為只要一喊，大家的注意

♦ 小品：喜劇小品（sketch comedy），或稱小品、短劇，指由一兩名演員或多人表演的、短小的喜劇段子。有簡單故事情節，透過對話、動作，完成一兩個喜劇效果即結束。

沒關係啦自卑

04

力就全在你的嗓音上了，對內容的關注就會降低。

「有理不在聲高」，說笑話也是同樣的道理，「好笑不在聲高」。

隨著觀眾素養的提高，大家越來越希望聽到一些有品質有內容的笑話，脫口秀就是一個很好的形式，它試圖將肢體表演的部分減到最少，讓觀眾更注意笑話的內容，於是，那些充滿智慧的笑話也就建立了優勢。在近幾年流行起來的脫口秀綜藝節目，比如《脫口秀大會》裡，編劇寫給演員們的段子大多更睿智和更高級了，需要觀眾稍微琢磨一下。

比如何廣智的理髮段子：「長得不好看的人被剃了一個不好看的髮型時，是不太敢怪罪理髮師的，因為你知道你自己也有責任。我剛開始跟理髮師溝

通該怎麼剪，剪著剪著我們倆就都沉默了。我盯著鏡子裡我的頭髮，他盯著他的手藝，我們倆都沒有說話，但這時候我們倆腦海裡飄過同一句話，就是『這也不能全怪他！』」

分析了這麼多，接下來我要說到重點了。既然人人都愛聽聰明的笑話，那麼像我們這種自信心不足的人要怎樣才能說出充滿智慧的笑話呢？

方法 1：學會說潛臺詞

你要把你的聽眾當作和你智商一樣高甚至比你更高的人，他們會理解你話裡的喻意、邏輯和潛臺詞。

大家在腦子裡品一品以後笑點就會被引爆。

舉個例子：

我曾在美國記者年會上說過這樣一個段子：我希望我兒子能學會兩種語言，一種是英語，一種是漢語。於是我兒子就問我了：「爸爸，為什麼我一定要學會這兩種語言呢？」我告訴他：「假如有一天你當上了美國總統，你可以用英語來簽署法律條文，再用漢語來和你的債權國談判。」這個段子明顯是有潛台詞的，因為當時中國是美國最大的債權國。聽的人如果知道這個資訊點，自然就會心一笑，同時覺得你的笑話很有智慧。

方法 2：控制節奏，注意留白

　　我常常覺得，最好的笑話是合作出來的。意思就是，我說一個笑話，只完成了一半，另一半需要

觀眾自己腦補畫面。

如果我們把說笑話比作畫畫，那麼，我建議大家盡量不要畫那種毛孔畢現、以假亂真的寫實畫，而要畫那種寫意留白的中國山水——想辦法開啟觀眾的聯想能力和反應空間。觀眾在笑的同時還會獲得智力上的滿足。

比如張小斐在一個小品裡說：「東北是全世界最早吃蔬菜沙拉的地方！」又有道理又好笑，讓人腦海裡浮現出東北的蘸醬菜 和西餐的反差和共通性。

◆ 東北蘸醬菜：指以黃瓜、生菜、白蘿蔔為食材，搭配辣椒、蒜、蔥等辛香料製作而出的一道菜。

方法 3：讓自己笨一點

中國有一句古話叫大智若愚，意思是那些看起來笨笨的人往往有大智慧。這話充滿哲理，本身就蘊含著智慧，呈現在笑話上，其實就是製造反差。

我的喜劇形象通常是一個木訥、情商很低的理工男，透過我的嘴說出來的那些笨笑話，往往會有出其不意的效果。

舉個例子：

我當年沒考上北京大學，鄰居家的孩子考上了，還寫信給我說北大宿舍裡竟然有蟑螂。我一聽就氣壞了：「他們是怎麼進去的？！」

不通人情、情商很低、直來直往、嘴笨反應慢，這些貌似是笨人的表現，然而從這個角度去說笑話是

有優勢的，可以去掉無用贅語和小聰明，直擊要害，只要精彩，別人就會對你刮目相看。這時木訥就成了你的優點，因為你讓他們看到了智慧的光芒。

說來說去，對於能否說出聰明的笑話，其實就只有一條禁忌：千萬不要自以為聰明。刻意表現得聰明和智慧，往往就是愚蠢。

好了，這一章就到這兒。下一章，我會教大家另一個幽默的技巧：如何利用同理心。

04

05

利用同理心：
你 快樂 所以
我快樂

點燃自卑情緒的導火索通常是尷尬。

有時候，我們可能會遇到一些狀況：無論我們自認為自己的笑話多好笑，表達得多到位，但對方就是不笑，沒get到你的笑點。有時對方還會說：「對不起，我的笑點比較高！」這時場面會相當尷尬，我們更是像個傻子，很可能在一瞬間，就從自信滿滿跌落到自卑的泥潭裡，接下來就徹底不知道該怎麼說話了。

為什麼會出現這種情況？很簡單，因為你的笑話內容或情感點對方不關心。用心理學的說法就是，你的笑話不具備「同理心」。

什麼是同理心？英文叫empathy，是人本主義創始人羅傑斯提出來的概念，指的是設身處地地對

沒關係啦自卑

05

他人的情緒和情感的認知性的覺知、把握與理解。
換句話說，就是換位思考或者能夠同理的意思，也
可以說是共鳴。

　　同理心是一座橋樑，可以用來連接說笑話的人
和聽笑話的人。用王菲的一首歌來解釋就是：你快
樂所以我快樂。

　　那麼問題來了，什麼樣的同理心才能打中對方
的笑點呢？

認知要能同理

　　每個人都有自己特定的認知，並不是所有笑
話大家都覺得好笑。脫口秀裡有句話叫作「know
your audience」，知道你的觀眾。就是說你一定要

知道觀眾的想法和感受才能逗他們笑。在哪個國家都一樣。

比如，男人和女人關注的題材就完全不一樣。

我曾說過這樣一個段子：世界盃期間大家就不要太努力工作了，因為不管你把自己搞得多辛苦多憔悴，老闆都會以為你是看球賽熬的。

這個段子對絕大多數愛好體育、關注足球的男人都是有效的，但很多女人get 不到笑點。她們會問：「為什麼老闆會這樣認為？為什麼世界盃就不努力工作？不努力工作你怎麼養家？我們全家都去喝西北風嗎？我當初真是瞎了眼⋯⋯」

遇到這種情況怎麼辦？趕緊道歉吧。因為我們犯了認知錯誤，在說段子的時候沒有利用同理心。

通常女人會對什麼認知度比較高？孩子、美容、購物……比如這個段子：女人最喜歡做的事情並不是去百貨公司購物，而是購完物之後上網搜一下看自己有沒有買貴了。

不同性別，不同年齡，不同受教育程度，不同身分，不同地域，不同國籍，同理的認知內容都不一樣。

情感要同理

同理心最需要的，是戳中情感、找到情緒——「情」字是關鍵。

人與人之間，通常都是靠情感聯繫的，比如親情、友情、愛情、師生情等，當你的笑話與對方渴望

或正在經歷的情感相吻合時，這個笑話的作用會發揮到最大。

比如，對於熱戀中的女人，男朋友講什麼爛笑話她都會笑得前仰後合，就是因為感情在。熱戀階段過後，男友講爛笑話她也會笑，但得做出更多的努力。

我以前熱戀的時候，和女朋友散步。走著走著，她突然問我：「黃西，你要是愛上其他女孩怎麼辦呢？」我說：「不可能，因為在我們搞生物化學的人的眼睛裡，所有女人都是碳水化合物。」很普通的笑話，她當時笑得很厲害，後來一段時間關係稍微降溫後，她開始問：「女人化學成分都一樣，你為什麼愛我？」我說：「因為那個時候我說什麼你都笑！」

05

在陌生人或同事面前講笑話就得先把「情」建立得穩穩的。比如到了情人節，那些單身人士的自嘲段子就很受歡迎。

例如：每逢情人節，我都自帶隱身功能，走在街上，那些賣玫瑰花的都對我視而不見。

三觀要能同理

無論是否成熟，每個人都有自己的三觀。而三觀是同理心裡面最重要的。題材是對方很關心的，情感是對方能感同身受的，如果三觀不契合，你的笑話就等於在對牛彈琴，搞不好還會吵起來。

舉個例子，對家暴的零容忍，就屬於三觀問題。

前段時間，某明星涉嫌家暴，有朋友出來表態

支持，結果招來了網友的口誅筆伐。而另一方面，依然有該明星的死忠粉在評論裡留言，說什麼「一個巴掌是拍不響的」、「女方也有責任」等，這就是典型的三觀不正，屬於「檢討受害者」。如果你的段子也恰好站在這種角度，即便再好笑也無人能笑得出來。

最近還有「女德」培訓班，女德講師公開說女性遭遇家暴的時候應該逆來順受，提倡女人挨揍「積德治病」。我說這位女德講師病得不輕，想治的話，大部分女士都會幫忙的。很多人在下面鼓掌。

還有明星違法、逃稅漏稅、道德敗壞、破壞環境、傷害動物等，這些大是大非的問題，一定要站穩立場，千萬不要站在對立面說笑，那就沒有同理

沒關係啦自卑

05

心，而且傷心了。

說了這麼多同理的重要性，那麼，怎樣才能在實際社交中利用同理心來說笑話呢？

先潛水，再冒頭

說笑話很重要的一點是考驗耐心，一定要把心中那股急於表現的表達慾壓下去，聽聽別人在說什麼，注意他的內容，觀察他的情緒，然後暗暗分析，找到同理心的重點，再開始說笑話。

請原諒我把說笑話搞得像打仗，但實際上，如果想要段子達到最佳效果，就必須如此。

比如相親，很多男孩見到心儀的女孩，恨不得

立刻表現出自己的幽默，不斷說著不知道從哪聽來的網路笑話，結果飯吃到一半，女孩就有急事先走了，留下一個空手機號碼和帳單。

先別著急，聽聽對方說什麼，再有針對性地去表達。在搞清楚對方的職業、愛好、身世背景和三觀之前，我建議你只說三句話：

你好。

喜歡吃什麼隨便點。

還需要加點什麼菜嗎？

當然，也有例外。我有一個朋友，人很幽默。

有一次參加相親節目，他想得很好：先聽女孩們說，等發現她們的喜好之後再投其所好，展現自己的幽默感。可悲的是，他剛一上臺，還沒來得

及展現自己的幽默感，燈就全滅了。相親節目看長相，長得普通還是得去進行實際相親和地面搭訕之路。

給自己三次嘗試的機會

說笑話有利有弊，說得好自然好，說得不好，自信心很容易受到打擊，甚至第一輪不行，後面就徹底沒救了。

我的建議是，給自己三次嘗試的機會，也就是三次找到同理心重點的機會。要學會做打不死的小強。我的做事原則就是先問自己兩個問題：第一，這麼做犯法嗎？第二，這麼做會要我的命嗎？如果兩個問題的答案都是「不」的話就應該去試試。

試試有個好處：即使證明自己是錯的，你也達到目的了。

　　其實很多脫口秀演員在臺上一個段子接一個段子地講，都是在不同場地、不同的觀眾面前反覆試過的。脫口秀演員也經常給自己三次機會：一個自己喜歡的段子在不同場合講三次才能決定是否放棄。我在大衛深夜秀上講的段子，其中有一個在第一次講的時候也毫無回應，但我就是喜歡那個段子，在其他地方又試，觀眾笑了。在電視上講的時候，現場觀眾的掌聲非常熱烈。這是一個關於婚姻的段子：美國的離婚率有 50%，所以我在那裡結婚時特別擔心——「天啊，有一半的婚姻會白頭到老啊！」

　　其實這和中國把婚姻比喻成圍城——「在外面

的想進來，在裡面的想出去」很相似，但情感的成分更多一些。

　　記住，如果嘗試了三次都無法找到同理心，就放棄吧。

　　你再說下去，只會越來越糟糕。

真誠至上

　　如果你實在不知道怎麼找到同理心，聽我的，把真誠擺在第一位。笑話不好笑不是最可怕的，最可怕的是虛情假意地說笑。

　　沒錯，我認為好的笑話也是需要情感支撐的，這也是我們提出同理心這個概念的原因。

　　怎麼真誠地說笑話呢？

很簡單，說發生在自己身上的糗事，用最真實的情感去表達。比如：

我最受不了的就是北京的夏天，攝氏40度的氣溫下還要戴霧霾口罩。當然，沒有霧霾我也戴口罩——我好歹是個主持人，不戴口罩還沒被人認出來是件挺尷尬的事。

有一次，一個路人認出了我，老遠走過來說：「我發現你長得很像黃西。」

我正想著怎麼回答呢，他補了一句，「我不是那個意思啊！」

記住，真誠就是最好的同理心，也是最好的脫口秀風格。

說到底，同理心是一種能力，如果你想說好笑話，甚至做一個優秀的溝通者，就要學會、掌握並且能熟練運用這種能力。

　　除此之外，還有什麼其他的幽默溝通技巧，能幫我們擺脫自卑呢？請看下一章，創造意外。

06

創造意外：

創作笑話，

就像是「在寫」

懸疑小說

一個沒有意外包袱底的笑話是不成立的，也沒有人想聽。

而那些已經洩底的笑話很難再把人逗笑——我們都見過一邊笑得前仰後合一邊講笑話，最後忘了包袱是什麼的朋友。

對於那些試圖用幽默來打破自卑的人來說，沒有意外包袱底的笑話簡直就是一部縮時災難片——別人很可能一點反應都沒有，反而會使你更加自卑。

所以笑話要有包袱，包袱要意外，要反轉，要既在情理之中，也在意料之外。這基本上可以當作是一個笑話的主要指標。

從這個角度看，創作笑話有點像是在寫精短的懸疑小說：製造懸念，拋出包袱。唯一的差別是，

笑話的目的是讓觀眾獲得意料之外的大笑享受而非其他。

為什麼觀眾會對笑話中的意外那麼著迷呢？我們可以試著分析一下：

只有意外才滿足聽笑話者的期待感

要知道，當你在說一個笑話時，聽者就對它產生了期待，期待聽到一個出乎意料的包袱。如果沒有滿足這種期待，他就會失望。

舉個很簡單的例子。

我們每年除夕夜都要看春晚，其中最受歡迎的多是語言類單元。我們通常都是帶著期待去等那些喜劇明星登場，因為他們說笑話就是為了把我們逗樂。

沒有人會說：「哦，等下沈騰出場了，我準備好大哭一場了。」這樣想的人，我建議去看一下心理醫生。

等到小品演完，一點意外的笑料也沒有，大家就會紛紛吐槽──這已經成了慣例。不過今年的春晚大家還是一定要看的，為什麼呢？因為今年一定會比明年的好。

有時候我出去遇到一些人，說了幾句，他就不耐煩了：「黃西，感覺你現實中說話蠻正常的，一點也不好笑啊？」

這說明什麼？說明他把我定義為說笑話的人，對我懷有期待，因為我太正常了，沒有給他意外的笑料，所以他失望了。

我剛開始表演脫口秀的時候，也曾經因為這點

很懷疑自己。其他美國脫口秀演員有愛喝酒的、愛抽雪茄的、留長髮的、婚姻狀況混亂的等等，他們各有特色，一上臺就讓人想笑。我甚至覺得我不成功是因為我太正常了。

喜悅常常來源於意外

如果一件事情很早就知道了結果，即使它本身是件喜事，那種愉悅感也會逐漸減弱。

比如，送太太花是好事，可以讓她開心。但如果你在情人節、婦女節、青年節、生日、結婚紀念日、母親節、耶誕節、元旦、春節、元宵節的時候都送花給太太，過段時間她就開始討厭花了。然後我就發紅包給她，一開始她也很高興。我給她 520，然

06

後 1314，過一段時間她也煩了，說：「你能不能把一句話連起來說完呢？！」

反而那種從不知道的、沒有任何預兆的意外之喜，能讓一個人的喜悅之情短時間內達到頂點。這就是我們常常說的驚喜。

在英語中，surprise，既有意外的意思，也有驚喜的意思。驚，就是意外。比如，我們送禮物給孩子，都需要一個包裝盒，孩子在不知道盒子裡是什麼的情況下，充滿期待地拆開包裝盒，得到一個意想不到的禮物，滿臉都是驚喜。如果孩子不喜歡禮物，還有可能喜歡包裝盒。

再舉個例子，妻子十月懷胎，由於我們不知道孩子會是男孩還是女孩，等待孩子出生，同樣能產

生驚喜的效果。

　　還有一件最需要驚喜的事是求婚。你絕對不能事先和她計畫好：「親愛的，下個月 12 號中午 12 點我在百貨公司向你求婚，怎麼樣？」她可能立刻就會給你答案：「No！」

　　其實，說笑話也可以看作給別人的帶有包裝盒的禮物。

意外是戰勝聽眾的唯一辦法

　　在某種意義上，說笑話的其實是在與聽眾比拚智力，其過程就是看你能不能利用自己的智商製造出意外來引人發笑。你拚不過他，就輸了，這就是一個失敗的笑話，反之算成功。

所以，我們必須得創造意外，才能贏得這場智力之戰。

我剛到美國脫口秀俱樂部演出的時候，偶爾也會碰到那種找麻煩的觀眾。有個新手脫口秀演員在臺上表演的時候，台下一個醉鬼抖包袱，而且和演員想抖的一樣！把臺上的演員搞得非常尷尬。但這個醉鬼倒也為演出添了彩，因為那個演員的包袱實在是太容易猜到了，一點意外感都沒有，根本聽不下去。

話說回來，講笑話的人通常應該有自信，畢竟比別人準備得要充分，而且觀眾通常不愛也不敢接話。

但也有例外。我在曲藝之鄉天津演出的時候，有幾個觀眾很愛接話，就想看看他們能不能把我的包袱提前抖出來。他們接了 5 分鐘沒有一個接準之

後也就不接了。之後的演出非常順利。

　　舉這些例子就是想說明一個道理：出乎意料的包袱底是段子最值錢的部分，而被揭了底的段子一文不值。

　　既然「意外」這麼關鍵，幾乎是檢驗一個笑話成敗的因素，那究竟如何製造呢？我希望下面這些方法可以幫助到你：

耐心鋪陳

　　就像懸疑小說一樣，好的意外都需要好的懸念來支撐。我們得先把聽眾的胃口吊起來，把包袱皮做厚一點，紮實一點，耐心鋪墊，這樣後面的翻轉才會顯得有力量。

舉個例子：

我前段時間看見一個新聞：一位新娘上廁所被迎親車隊弄丟，穿著婚紗在高速路上徒步。據說一個單身漢正好開車路過，他前一秒還在祈禱老天賜給他一個老婆，一抬頭就看到了一個新娘。

前面的是鋪陳，屬於比較有趣的社會新聞，聽的人會被吸引住，想知道這個新娘後來怎麼樣了。

結果我們不按套路出牌，把點落在了一個正好經過的單身漢身上，產生意外的效果而引發笑意。

大家有興趣可以多看看中國傳統相聲，尤其那些經典的單口，都是鋪墊得很深，突然結尾來一個大包袱，給人意外驚喜。

降低聽者的期待

這點和前面那條正好相反。前面是說要吊起聽者的胃口，讓他們充滿期待，但結尾在他的意料之外；而降低聽者的期待，則是要讓他們對你期望值不高，而你講出驚豔的笑話，就能超出他們的期待，贏得笑聲。

這一點我是深有體會的。

在美國剛上臺的時候，當地的觀眾根本不相信我一個黃種人也能說脫口秀。在他們眼裡，中國人是缺乏幽默感的，尤其我這樣的理工男，長得又木訥，他們的期待值就更低了。我之前也說過，連我自己都覺得我太正常了，沒有特點，加上脫口秀在美國有著很悠久的傳統，當時很多人覺得我肯定不行。

事實證明，我不但行，還站在了白宮記者年會這樣的主流脫口秀舞臺上。這種低期待、高意外的情況是笑話的成功法寶之一。

不講過時的段子

這裡的「過時」差不多包括兩方面：一是時間上的過時；二是內容上的過時。

時間上的過時很好理解，就是不講老段子。

我們在生活中經常會遇到這樣的人，遇到你偏要跟你說個笑話，一聽，我們會說：「哦，我上次聽到這個笑話的時候，大清還沒亡呢。」遇到這樣的情況，說笑話的人要多尷尬有多尷尬。

其實這也不能怪他，也許這個笑話他的確是剛

聽到，覺得好笑要分享給大家，但笑話本身確實是老掉牙的。因此，如果你想讓自己的笑話不被人說老，就應該多看笑話，看得多了，自然就知道哪些是新段子，哪些是老段子。最重要的是要把自己的經歷講成段子，而不是講網路上別人可能聽過的段子。

至於不講內容過時的笑話，就需要有一顆敏銳的心了。

我的建議是，與時事有關的段子，一定不要講三個月以前的；如果是流行語，這個存活期不超過三天。現在網路資訊更迭非常快，要麼你就徹底不理，專注講人之常情的笑話，要麼你就時刻關注，不要落伍。

直到現在，還經常有人在網路上說「我勒呆」

沒關係啦自卑 06

（意思是「我和小夥伴們都驚呆了」）之類的流行語，這就是典型的拿無趣當有趣了。

多關心時事新聞，但別把它當成任務，應該當成一種樂趣：既能豐富自己的生活，還能讓自己與時俱進地幽默。當然，也有很多新聞太負能量了，在這種情況下，幽默其實還是一種保護自己的辦法。找到槽點以後，你會和負能量拉開距離，和朋友及同事拉近距離。

比如，學校毒跑道事件是非常讓人沮喪無奈的，今年又有新規定：所有塑膠跑道都必須做到即使放到嘴裡嚼，也不會對身體有害。我說：「什麼時候食品也能達到這個標準就好了。」這種段子既不過時，又有足夠的意外。

利用逆向思維

創造意外的本質就是與聽者的思維逆向而行。

他以為你往哪個方向走，你偏要逆著來，在生活中，你可能被人罵大逆不道，但在笑話中，恭喜，你已經入門了。

舉個例子：

「我最近在寫一本書，書中的主人公高大、英俊，還很有錢。這是一本自傳。」

聽前面，觀眾還以為我在寫一本小說，因為這本書裡提到的主人公與我本人的形象相差太遠。但我在結尾突然說道這是一本自傳。這種利用逆向思維製造的意外感，便容易引人發笑。

還有一個例子：

「我不相信星座。我相信人應該是自己命運的主宰者。水瓶座的人都這麼想。」

這個段子也是到了最後有一個逆向思維的反轉包袱。

利用逆向思維說起來容易，做起來難，需要大量的練習才行。但一旦你在說段子時已經有了一顆叛逆的心，就至少走出了最關鍵的第一步。

小結一下，創造意外的辦法有耐心鋪墊、降低期待、不講過時的段子、利用逆向思維。

　　大家聽了之後是否有收穫？沒有收穫也沒辦法，因為我打算講下一章了。下一章我將講的是另一種幽默的手法：妙用誇張。

07

妙用**誇張**：

小強啊，你

死 得

好慘

幽默的最高境界當然是不動聲色就能博得滿堂彩。

但有的時候，過於平淡的說笑方式不一定能產生作用，而且根據具體的環境、對象和內容，表演方式也會有所不同。有的時候只需不動聲色就能笑倒一片，有的時候則需用稍顯誇張的方式，放大音量，才能贏得歡呼和掌聲。

這裡有一個非常明顯的問題：誇張對於我們這些自卑的人來說，實在是太難了，就算是在脖子上架一把刀，很多人也喊不出來。但對自卑的人來說：學會誇張去幽默，是一帖看起來很苦，卻必須要喝下去的靈丹妙藥。

為什麼這麼說？

沒關係啦自卑

07

誇張是一種實現自我的突破方式

對於自卑的人來說，最大的困難並不是能不能說好一個笑話，而是敢不敢當眾說笑話。這當中有個心理門檻，很多人始終在門裡面徘徊，不敢表現自己，結果越來越封閉，直至最後關上了門。而一旦敢把腳邁出去，即使表現不好，他也依然算是成功了，因為他突破了自我的防線，見識到了外面的美好世界，下一次就能做得更好。

而對於一個試圖從自己內心的黑屋裡走出來的人來說，誇張可能是最勇敢的方式。

舉個例子：

演員金凱瑞演過《摩登大聖》、《阿呆與阿瓜》、《楚門的世界》等很多經典喜劇電影。他的表演風格

是很誇張的。但據我所知，他私底下其實是個很內向的人，甚至曾患有嚴重的憂鬱症。據說他小時候父親經商破產，家庭經濟狀況很不好，而母親又身患重病，長期臥床，他常常模仿各種誇張的動作和臉部表情來逗母親開心。這種勇敢而溫情的喜劇方式後來一直延續在他的整個演藝生涯，使他成為一代喜劇大師。

他為了愛而突破自我去誇張表演，這種誇張在我看來是最勇敢的行為。

誇張是吸引注意的好辦法

從表演的層面來說，吸引注意是所有一切的基礎。如果根本沒人看到你，笑話再精彩也毫無價值。

沒關係啦自卑

07

身為一名自卑達人，我在這方面是深有體會的。

讀大學時，我因為自卑不敢表現，每次團體活動都默默縮在角落裡，拍團體照也是站在最後一排，沒人注意到我，也沒人欣賞我。其實到現在，我還是這樣，在我自己主持的節目合照裡，我通常也站在邊緣，但這是後話。當時的我為了改變自己，在系上的文藝匯演中報名了一個小品。在那個小品中，我的表演極為誇張，以現在的標準來看是不合格的，在當時卻受到了台下很多人的鼓掌歡呼。我後來想了想，也許大家歡呼不是因為小品有多好，而是我出乎了他們的意料，給了他們驚喜。他們從沒想過，像黃西這樣的人也會表演得這麼誇張。我的誇張成功吸引了他們的注意，甚至打動了

他們。

再舉個例子，在一些聚會上，最受關注的永遠是那些最放得開、表現最過火、最誇張的人，暫時撇開那些負面的因素，最起碼他們吸引了目光，至於能不能把關注度轉化為讚賞，那是另外一個層面探討的內容，我們後面會講。

我們經常會看到一些孩子的誇張行為，從心理學的角度來說，通常都是為了吸引父母注意。所以反過來說，我們也應該體諒那些行為誇張的人，就當他們是一群需要關注的孩子。

誇張便於記憶

學術上說，記憶是人腦對經驗或事物的識記、

沒關係啦自卑

保持、再現或再認，是進行思考、想像等高級心理活動的基礎。然而，我們所有人都知道，隨著年齡的增長，記事越來越難，需要借助一些技巧和辦法——除了刻骨銘心的事。誇張，就是一個便於記憶的方式。

舉個例子，我們學生物化學的，都要背元素週期表，但它太難背了，於是我們想出了一個辦法，把元素週期表編成了一首歌，總算用這種誇張的方式記住了。

這種例子還有很多，比如乘法口訣、中國歷史朝代歌，都是在借用誇張來記憶。

那麼，對於自卑者，誇張的記憶又有什麼用呢？

很簡單，當我們把一件事情、一個笑話、一首

歌、一個觀點爛熟於心的時候，就已經打好了自信的基礎。

聽我說了這麼多，可能還是有人不喜歡誇張，覺得誇張就是浮誇和虛榮的代名詞，怎麼看都不順眼。

我認為那是因為誇張沒用好。

低級的誇張的確會令人反感，而精妙的誇張卻是一項強大的武器。

到今天，沒有人會指摘卓別林的表演浮誇，也沒有人會貶低周星馳的招牌大笑，豆豆先生、趙本山、王寶強等，都用自己誇張的表演方式贏得了世人的喜愛和尊重。

那要怎麼樣才能妙用誇張呢？

沒關係啦自卑

07

方法 1：別怕丟臉

誇張的表演對人的挑戰極大，只要你還有一點羞恥心，害怕丟臉，我都勸你想清楚。舞臺上有一條定律：越是放不開，表演越難看。所以，那些學表演專業的，進入校園的第一節課就是解放天性，讓大家模擬動物，完全放棄自我，才有可能重塑自我。

當然，咱們說個笑話沒必要這麼極端，但道理差不多。只要突破了第一步，別怕丟臉，那麼你就有了誇張的心理本錢。

有這麼一個段子：術科考試期間，有一位考生突然情緒失控，又是哭又是鬧，最後還跳到了監考老師的桌子上。事後，該考生以術科第一的成績考取了該藝術學院表演系。

丟臉有幾個要素：

1. 丟臉要趁早。這樣可以嘗試不同的丟臉形式，看哪個效果最好、自己也最滿意。

2. 什麼時候都不晚。任何時候的自我突變都是讓你獲得新生的最佳辦法。

3. 丟臉要投入。否則你很難得出正確的結論：是形式不好，還是努力不夠？現在大家都尊重敢於丟臉的人，但會嘲笑扭扭捏捏丟臉的人。

方法 2：讓別人知道你在表演

每個人對其他人都是有預期的，如果你平時不是一個很開朗的人，突然變得很誇張，別人會覺得你很奇怪，是不是受了什麼刺激？

沒關係啦自卑

07

但如果別人知道你是在表演就不一樣了。就像我前面說的演小品的經歷一樣，如果你的誇張明顯含有表演成分，而且對方也很清楚你是在表演，那麼，他就會帶著一種觀看表演的心態來看待你，就像面對一位演員，只會對你演得好不好做出評價，而不會涉及人格和精神層面。

　　比如，你可以試試這樣開始：「我今天碰到一件很有趣的事情……」一旦你這樣開場，接下來說的所有誇張的話，做的所有誇張表演，大家都會在心理上認可你是在表演，接受起來就很容易了。

　　這一點和演員不一樣。很多影視劇裡的演員最大的問題是讓人一看就是在表演。但對大多數普通人來講，讓人家知道你在表演，或至少暗示你在表

演會更好。

　　有了以上兩點心理上的準備，接下來就要講把誇張表演好的技巧了。

技巧 1：多用反差大的類比

　　誇張就要誇得「離譜」，讓人感到不可能到好笑的地步才好笑。我在《是真的嗎？》節目中講過一個類似的段子。一個朋友打電話來：「我最近買了個房子，真的很大。真的很大。」我說：「你不用重複，第一遍的時候我就聽到了。」他說：「我沒重複，那是回音。那是回音。」

　　我在美國脫口秀節目中的開場話經常是：「大家好，我是個愛爾蘭人。」這是一種誇張：一看我就是

中國人，怎麼可能是愛爾蘭人？但美國人一聽就覺得好笑，因為很多美國人起初都來自愛爾蘭。歷史上因為愛爾蘭長期貧窮，甚至在美國好長一段時間不被認為是白人（好笑吧？但這不是段子）。後來愛爾蘭人在美國混得好了，後裔發跡甚至當了總統。所以很多愛爾蘭後裔骨子裡有個自豪感，上臺就自我介紹說我是愛爾蘭人。我索性就連誇張帶模仿：「我是個愛爾蘭人。」

技巧 2：多用模仿

模仿秀是最誇張也是最容易引人發笑的方式之一。以前有很多明星，尤其是那些專上綜藝節目的藝人，基本上都會一點模仿表演，學周杰倫，

學楊坤，學劉歡，學張宇，尤其是學在場的嘉賓的時候，每次都會引人發笑。只要抓住某人的某個特點，去練習模仿，表演得成功，就會成為活躍氣氛的法寶。

我在國內做脫口秀的一大優勢就是能夠模仿一些中國名人，而在美國模仿美國人難度極高。

技巧 3：見好就收

誇張的方式不能一直用，尤其是在現實中對朋友說笑話，你總是以一種誇張而亢奮的方式表達，即便再好笑，大家也會覺得和你交流是一件很累的事。

然後，無論怎麼誇張，都應該掌握分寸，不要過火，否則難免物極必反。

沒關係啦自卑

07

最好的誇張是需要帶著善意的

不管怎樣，只要你的動機是好的，無論你的段子多誇張，對方都會感受到你的善意，知道你這麼努力地改變自己，無非是想讓他開心，他自然就會接受你這種誇張的方式。而一旦接受了誇張，你的笑話就有機會產生效果，否則就一切免談。

舉個例子，你的女朋友今天在公司受了委屈，心情不好，你也許會想盡辦法逗她開心，又是做鬼臉，又是搞怪說笑話，如果她能感受到你的心意，恰好又被你逗樂了，你的誇張就有了價值。

幽默的最終目的是帶給他人歡樂，並讓他人接受自己，而誇張只是手段之一罷了。

平時不善言辭的自卑者能準確表達幽默嗎？

可能之前想得好好的，到了現場卻因為緊張，一下子全忘了；可能因為嘴笨，把握不了時機，根本找不到空檔去表達；可能因為人微言輕，說的笑話根本沒人理睬……

理論到了實際應用階段，總會遇到一些問題，甚至有可能會讓人更加自卑，怎麼辦？這裡我再教大家一招，可以讓你的幽默迅速被人關注，並且接受：

現場即興。這個詞在英語裡叫ad lib或crowd work。簡單地說，就是透過開在場的人或者熱門的人和事的玩笑，來拉近與交談對象的距離。

這是脫口秀中非常重要的技巧之一，在舞臺

劇、劇場相聲中也經常能看到，其本質是一種互動。

這種互動式的溝通技巧為什麼有效呢？

它能讓你與對方迅速產生聯繫

說笑話的人最怕的是什麼？不好笑。為什麼會不好笑？很多時候，不是因為段子本身。它可能是一個結構完整、意外突出、笑料充實的段子，但你說完，對方就是不笑，其中最大的原因是這個笑話跟對方沒關係。

如果你直接開與對方有關的玩笑，就不僅能使說與聽兩者之間產生關係，還能瞬間把對方拉進笑話當中，並產生喜劇效果。

溝通的本質就是解決人與人之間的關係，而幽

默是輕巧而有效的武器。

　　舉個例子：

　　我們每年都看春晚，馮鞏每次上臺，都會對觀眾說同樣一句話：「我想死你們啦。」每次都會收穫掌聲雷動。

　　為什麼？馮鞏真的想死大家了嗎？也許吧，但在我看來，他是透過這樣的方式與觀眾互動，產生關係，讓觀眾成為自己表演的一部分，於是大家身在其中，覺得跟自己有關，自然會給予掌聲了。

　　脫口秀表演也是如此。在上海演出時，我會有針對性地說些與上海觀眾有關的笑話，開始就說我從小就看《上海灘》，再唱幾句《上海灘》的主題曲，然後說：「所以我從小到大一直以為上海人講粵語。」

可以讓對方卸下防備

　　人與人在交往之初都是心存防備的。俗話說：「害人之心不可有，防人之心不可無。」在搞清楚對方究竟什麼來頭之前，大家都會小心地防備，這是很正常的現象。

　　心理學有個概念叫作「心理防禦機制」，意思是對那些讓我們容易緊張或者容易挫敗的人和事產生防備，這其實是一種自我保護。

　　而在我看來，好的玩笑是一把打開對方心門的鑰匙。

　　在日常交往中，那些喜歡開玩笑的人往往更受歡迎，因為這些人更容易獲得他人的好感，給人一種輕鬆的好說話的感覺。

英語裡面有個說法叫作ice breaker（打破僵局），剛見面的時候說一個小笑話，讓交談開始。我在美國實驗室工作的時候，有一些中國人來美國參觀，大家都很拘謹。我就說：「大家好，我是黃西，黃瓜的黃，西瓜的西。」很簡單的自我介紹，卻讓大家馬上放輕鬆了。

想現場即興，但想不出段子怎麼辦？你可以臉皮厚一些，說：「大家覺不覺得現在應該講個笑話開心一下啊？但是我沒段子。」

當然，玩笑不得體，效果就會截然相反。

可以為對方提供有精準畫面想像的人物形象

當一件有趣或者出糗的事情，恰好發生在我們

認識的人或者乾脆就發生在我們自己身上時，即使這個段子本身並沒那麼好笑，大家也會笑得前俯後仰。

為什麼？因為我們為段子提供了有精準畫面想像的人物形象。

《笑林廣記》裡有一個段子：

一匠人裝門閂，誤裝門外，主人罵為「瞎賊」。匠答曰：「你便瞎賊！」主怒曰：「我如何倒瞎？」匠曰：「你若有眼，便不來請我這樣匠人。」

再說一個我自己的段子：

我的脫口秀俱樂部有個年輕演員叫四季。他開場之後，我上臺說：「四季招女孩喜歡。有段時間他交了兩個女朋友，在通訊軟體上還把兩個人都叫小心肝。我說這對錯不說，萬一搞混了怎麼辦。他說：

沒關係啦自卑 08

『沒事，我有備註。』我一看備註果然不一樣。一個叫Ａ肝，另一個叫Ｂ肝。」這個段子現場效果很好，因為大家剛剛在舞臺上見過四季，認識他了。

《笑林廣記》裡的段子有經典的笑話結構，但因為年代太過久遠，而且跟我們本身沒有關係，未必有那麼好笑；後一個我自己的段子，因為涉及了具體的人，我們在聽的時候，就會腦補那個人物的形象和畫面，也就會覺得更好笑一些。

分析完了現場即興在幽默溝通中的價值，接下來我們同樣要面臨問題：究竟怎麼才能做到？這招聽起來可比之前的招數都要難。

關鍵字１：勇氣

說實話，對我們這些自卑的人來說，當眾說笑話就蠻需要勇氣的，更別說拿別人尋開心、砸掛　，簡直都可以開唱梁靜茹的〈勇氣〉了。

　　但是，沒辦法，必須得突破這一關。勇氣是開掛的基礎，否則一切免談。千萬不要怕得罪人，怕別人會生氣。如果你的笑話真的有意思，對方是不會生氣的。如果對方因為你善意的玩笑而生氣，那說明他是一個氣量小的人，你們也無法好好相處，趁早看清，也是一個不錯的收穫。

◆ 砸掛：相聲界的行話，是指相聲表演中以開他人的玩笑的內容為笑料，常以大家所熟悉的知名人物為砸掛的對象。

08

關鍵字 2：吐槽

我當年在美國白宮記者年會上說脫口秀，開了當時的美國副總統拜登幾次玩笑，他自己也樂得哈哈大笑，頗有優秀政治家的風采。沒有人說我不懂禮貌或者太過分，也沒有人說拜登太傻，被一個中國小夥子拿來尋開心。總體來說，如果你的段子夠優秀，對於說和聽雙方來講，其實是一件雙贏的事情。但也有一位新上任的州長，在我開了一個關於他想斃掉醫藥改革法案的玩笑之後，繞著我走開了。他太太倒是挺開心地跟我聊了一會兒。

現在很流行吐槽，一方面可以發洩心中的不滿，另一方面，這種形式本身就具有喜劇效果。

但在社交現場，我們吐槽的對象通常不是名

人，怎麼辦？把吐槽對象與大家都認識或知道的人，或者最近的熱門事件掛鉤。這種即興演出的方式也是非常能引起大家共鳴並使大家發聲的。

美國前總統川普，他的髮型比較特別，像戴了個帽子，風一刮還擺來擺去的。如果我們去見朋友，而那朋友最近恰好也有個類似的髮型，我們就可以開他玩笑：「喲，你的髮型好像川普啊。」川普在大家眼中有很清晰的形象，一進行對比，腦海中有了形象，就會覺得好笑。

還有，2018 年有幾位大師去世，包括金庸這樣的人物，一提起來，所有人都知道。我們可以說與之有關的段子，比如某一版本的電視劇改編以及小說中的人物，比如掃地僧、宋兵乙、神仙姐姐等代

表性的符號，都很適合拿來做梗。

關鍵字 3：誇獎

段子有個特色，它幾乎都是明貶暗褒，或明褒暗貶的。也就是說，表面上看是在調侃對方，開他玩笑，實際上是在誇他；或者表面是在誇他，實際是貶抑。比如我調侃拜登的段子：「我今天很榮幸見到副總統拜登，我讀過您的自傳，今天看到您本人，我覺得書比人好多了。」一開始是誇他，說自己對他的敬仰，然後是貶。李誕在吐槽郎朗的時候說：「郎朗的手價值一億，請他來我們節目的時候，我說，這樣，你這次來，能不能別帶手？他非要帶！什麼人出門非要帶手？！」這就是明貶暗褒的一個

例子，有起伏有轉折有笑點。

當然前兩條吐槽和誇獎也可以是針對自己的。只要好玩就行。

關鍵字 4：應景

社交場合裡，大家都在一個空間，分享同一段時間。那裡發生的一切大家都看在眼裡。如果你能夠就現場發生的事情說一兩句，效果會非常好。

這在英語裡面叫「address the elephant in the room」，如果屋裡突然進來一隻大象，你應該提一下它，要不然大家都不自在。有一次在上海演出，有兩名第一排的觀眾因為座位發生爭執，我就說：「後面的觀眾朋友聽不到，工作人員遞個麥克風

給他們吧！」大家笑了，兩個人也不好意思再吵了。

再舉一個例子。有一次，我帶孩子參觀學校，教務主任說他們學校特別注重培養孩子的愛心，時常帶學生去養老院陪老人打牌。我說：「這個學校很不錯，不僅讓孩子為考大學做準備，還讓孩子提前適應退休生活。」這不是個多厲害的包袱，但是因為應景，大家笑得很厲害。

總結一下，學會現場即興的四個關鍵字是：勇氣、誇獎、吐槽、應景。重複一遍，現場即興的本質就是與人互動。當我們真正學會輕鬆地與人互動，談話場面就建立起來了，這個時候，自卑感將不再困擾你。

09

有備無患：

我是 **中華段子**

寶庫

身為一名自卑達人，我曾經非常羨慕那些張嘴就是段子的人。他們總讓我覺得，幽默感這種東西真是天生的，像我這麼自卑木訥的人這輩子就與幽默無緣了。

但是後來，當我真正開始寫段子，親自上台說脫口秀之後，我才發現：原來那些滿嘴飛段子的人並不是天生具有幽默與才華，而是做了大量準備。

他們只是根據實際狀況，從自己的段子庫裡隨手拿出來一條用用而已。

以我自己為例。我也有自己的段子庫，裡面存了成千上萬條段子。而我的腦袋就像KTV裡的點歌機，裡面的段子類型豐富，適合各種人群和場合，並且我每天還會創作新的段子加進去。

沒關係啦自卑

09

那麼，在腦海中特意開一個儲藏櫃用來存放段子，究竟有什麼好處呢？

首先，
在各種場合下有話可說，不至於冷場

什麼場面會冷？實話告訴你，什麼場面都有可能冷。

我就有冷場的時候，甚至我一個人冷下來，接下來好幾個人一起冷。所以，針對各種場合的段子庫存的重要性就顯現出來了。

之前我們講過「現場即興」和「應景」的幽默方式，這兩者的確可以調節冷場，比如說：「哇，

感覺現場好尷尬啊！」因為這話應景，大家會笑起來。但是如果大家笑完之後還是沒話說，那就更尷尬了。所以最好的解決冷場的方法就是儲備段子。

比如，去學校參加孩子的活動，與其他家長待在一起，大家不熟，但又好像必須要說話，怎麼辦？甩段子。

「昨天孩子在親戚朋友面前稱讚自己的父母，結果我太太還是很不高興。」

這時候對方肯定好奇，問：「他說什麼了？」

「說我倆有夫妻臉。」

隨著笑聲的出現，氣氛很快就會活躍起來。

用適合場合的段子輕鬆控場，就能收獲自信心。

沒關係啦自卑

09

其次，
在與不同的人交往時，有的放矢

有句話說，見人說人話，見鬼說鬼話。得改改，應該是，見人說笑話，見鬼說鬼笑話。

比方說，不小心與老闆一起乘坐同一部電梯，而你們的公司在五十幾樓，中間電梯門還常常被打開，一趟下來差不多要三分鐘。怎麼辦？快翻段子庫，看看有沒有跟老闆有關的段子。

「老闆，您看，我們時間還有的是，不如把例會開了吧。」

然後，可以用來應對一些你不想面對又偏偏躲不過去的尷尬場面。

在某些場合，常常會遇到自己討厭的人，比如

自己的前男友和他的現任，而且躲也躲不掉。

「這位是你媽吧，阿姨您氣質真好，什麼，弄錯了，是你女朋友，不好意思，我這人眼力不好……」

又或者是喜歡問你私事的長輩親戚。在他們發言之前，咱們可以先發制人。

「大姑，您家兒子這學期期末考試考多少分啊？」

「二姨，您家女兒找男朋友了嗎？」

又或者是喜歡說人八卦的同事。

「真是辛苦你了，工作之餘還得寫故事給我們提供娛樂，不能虧待你，下次我幫你跟老闆申請兩份工資……」

最後，
有備無患是給自己留一條退路

《左傳》曰：「居安思危，思則有備，有備無患。」

對於我們這些自卑的人而言，那種前無去路，後無退路，被活活撂在交際場中央的感覺，簡直比死還難受。因此，做好充分的準備是非常有必要的。

蘇黎世大學心理學教授亞歷山卓‧弗利恩德曾經做過一個分析——後備計畫（又稱B計畫）如何影響我們追求目標的方式？他的核心論點是：即使人們不曾使用自己的後備計畫，它也會改變人們追求目標的方式。

換句話說，後備計畫並不是惰性的：你的錦囊妙計也會影響你使用A計畫的方式。這種效應具有

正面影響。一個後備計畫可能讓你更有信心面對艱難的目標。

　　舉個例子，我們打算去面試工作，提前做了很多準備，但又擔心冷場或者緊張，就可以準備一些幽默的小段子以備不時之需。這份後備計畫很重要，也許你在面試的過程中並不會使用，但因為你有了後備計畫，知道自己的退路在哪裡，它就很有可能會影響你前面的發揮，讓你更自信，甚至更幽默。

　　既然有備無患這麼重要，那麼應該怎麼樣去操作呢？難道還得像面對大學考試一樣，拿本笑話大全不停地背？

　　完全不需要。我可以教大家幾招：

持之以恆地看笑話

對於專業的段子手，我會建議大家先看兩萬個經典笑話。但對於一般人，我的建議是每天看二十個。

現在手機上看笑話很方便，網路上也有很多專門從事笑話寫作的段子手，可以關注他們，每天在上下班的路上，在上廁所的時候，在睡覺前，**斷斷續續**地看二十個笑話。笑話很短，而且很通俗，看起來很快，也能給你帶來好心情，何樂而不為呢。

一天二十個，一個月就是六百個，一年就累積七八千個段子了。要不了幾年，你就成為中華段子寶庫了。

大家是不是覺得這個辦法很低級？是的。你知道誰用過這個辦法嗎？美國最偉大的總統之一──

林肯。他不管到哪裡都帶一本笑話書。美國內戰非常殘酷，林肯不光得應付南方的政客和將軍，就連北方的將領、政客，甚至他的太太也經常攻擊他，找他的麻煩，叫他「大猩猩」，說他笨、無能。但是到了一個極其殘酷的內戰環境裡，他的笑話可以舒緩緊張的神經，並且使他在演講和辯論中談笑風生。

有針對性地準備笑話

我們每天要去各種場合，在去之前，我們可以根據要去的地方、要見的人，有針對性地準備一些相關的段子，這樣就能做到有備無患。

舉個例子：

假如你今天要去相親，看照片和資料，對方有可

09

能是你心儀的女孩，那麼為了討對方歡心，你就必須得做好準備。對方可能會喜歡哪些方面的段子呢？得依據實際情況實際分析。

要記住兩點：

1. 投其所好。

對方喜歡什麼，你就講關於什麼的段子。比如對方喜歡寵物，你可以講講不同地方的狗或貓。

2. 投其所「熟」。

如果你不知道對方喜歡什麼，你可以聊對方熟悉的東西。比如對方是普通的上班族，你可以準備一些職場、網購、時尚之類的段子。

當然，你也可以乾脆準備一些通用的段子，不管對方有什麼愛好或背景都會喜歡，比如娛樂八卦、感情等。

　　準備一些段子可以把相親對方對話題不感興趣的狀況處理得更好。比如兩個人聊得不是很投機，但好像還都想聊下去，你可以說：「哎呦，我覺我開頭開得不太好，我們能重新來嗎？」她也許會莞爾一笑。

　　再比如對方覺得無聊先告辭，你可以說：「沒問題。我正好還安排了三場相親。」

　　最後，要記住相親畢竟是在和陌生人交往，有些陌生人是不苟言笑的，你的段子再好笑，對方也只會默默地記住，在心裡笑一下。所以如果對方沒有大笑，你也別受打擊，他／她對你的印象還會是

沒關係啦自卑

一個有幽默感的人。

偶爾嘗試寫笑話

寫笑話的目的不是成為段子手——當然如果做得好,也可以以此賺錢謀生——而是去瞭解笑話的結構。很多笑話的結構都大同小異,我們普通人平時一聽,很難聽出來,只有自己去寫,才會慢慢從中總結出規律來。

懂得笑話的規律,一個好處是,很多笑話你只要看一遍就記住了。這既方便你建立自己的笑話庫,也能讓你在說段子的時候找到節奏。

還有一個好處就是不容易被破梗——就是別人知道你的包袱先把它抖了。

比如甲乙兩人見面：

甲說：我跟你說一個笑話，我有個朋友想開個火鍋店，然後就想學海底撈的服務方式，就去了海底撈打工。昨天我問他火鍋店什麼時候開業……

乙說：他說不開了，我就在這兒工作了，我怎麼可以離開我的家人。

甲：你怎麼知道？

乙：這是網路上的笑話。

甲：我還有個朋友，他們去滑雪，結果被困住了，警察救了他們之後，他們就做了一面錦旗送過去，你知道上面寫的什麼嗎？

乙：感謝救我狗命。

甲：你怎麼又知道？

沒關係啦自卑

09

乙：這是一則真實的新聞。

甲：我還有個朋友……

乙：你沒有朋友吧。

我敢保證，甲在乙面前是要崩潰的。這種事情發生的機率很低，但一旦發生，很讓人難堪。所以有一些自己寫的段子可以避免這種場面。

用對待考研究所的態度對待笑話

笑話在世人眼中是難登大雅之堂的東西，雖然每天都在說，但並沒有多少人把它當一回事。如果你想用段子武裝自己，建立自己的段子寶庫，就必須要從根本上改變對待笑話的態度。

很多人考過研究所，我也考過，以我的經驗，

只有真正學習和做過功課的人才有可能考上。笑話也是一樣，我們需要有系統的學習方法：

1.從各個管道盡可能多地收集段子

網路、書刊和平時大家的生活中——尤其是後面一項。那些來自生活的段子，哪怕包袱沒那麼硬，也容易引起共鳴，所以是最有效果的。我的經驗是隨身準備一個小本本，聽到有意思的段子就記下來。

2.要學會分類

我建議大家在電腦上新建一個段子寶庫的檔案夾，在這個資料夾裡，又要分各種小的資料夾，比如校園段子、感情段子、職場段子、婚姻段子等。

沒關係啦自卑

09

分得越細，你就會越清晰。

3.關注熱門時事，試圖從中找到有意思的內容和角度

熱門時事既能刺激你思考，也能讓你的段子更有深度。脫口秀中的很多段子都跟時事掛鉤。

4.多看好的脫口秀表演

主要是學習別人在說笑話時的節奏和方式，很多段子寫出來不錯，講起來卻不行。我們的最終目的是講笑話，那麼觀摩別人的脫口秀就很有必要了。

說了這麼多，最後再總結一下。要做到有備無患，我們需要：持之以恆地看笑話，有針對性地準備笑話，偶爾嘗試去寫點笑話，用考研究所的態度對待笑話。無論如何，我們做這些只有一個目的，就是充分的準備，不給自己感到自卑的機會。

　　只有一切都在掌握之中，那種患得患失的自卑感才不會冒出頭來。

沒關係啦自卑

09

我們常常會遇到一些很尷尬的事情。

比如，跟人熱情會打招呼，卻發現認錯了人。跟女孩搭訕，卻發現她男朋友就在旁邊。和一個外國人說一句英文，他用中文對你說：「對不起，你說的是哪裡的方言？」

我曾經練過幾個月乒乓球。有一天我和社區裡一個老爺爺打了一下午。我發現他是左撇子，打完之後我恭維了他一句：「我聽說左撇子都很聰明，有創造力。」他說：「我不是左撇子，我就是拿你練練左手。」

對我們這種比較自卑的人來說，尷尬簡直就是噩夢般的存在，往往能瞬間把我們好不容易建立起來的一點點自信心毀於一旦。

沒關係啦自卑

10

我有個朋友叫慢三，也很自卑，寫了一本書叫《尷尬時代》，號稱要點破這個時代的尷尬，結果呢，書根本賣不動，自己反倒成了一種尷尬，更自卑了。

　　開個玩笑，其實他的書賣得挺好的。

　　尷尬的確也是當下流行的話題。比如聊天聊不到一塊叫尬聊，跳舞跳得不好叫尬舞，上次我們還聽到一對年輕人準備去登記結婚，說是要尬婚一下。

　　尷尬也是我們無法逃避的人生主題。

　　人生何處不尷尬。

　　常言說人往高處走。但是我們越長越大，目標卻越來越低。小學的時候想長大當國家領導人，中學的時候覺得能當個科長也不錯，上大學才意識到

畢業後能找到工作結婚就不錯了。

　　對未來的期待和未來給你的答案永遠令人尷尬。

　　等到成年，尷尬簡直可以說是無孔不入。

　　在愛情上，我愛的人不愛我，愛我的人打著燈籠都找不著，這很尷尬。

　　在事業上，我的努力別人看不到，上班打一下遊戲立刻被老闆逮住，這也很尷尬。

　　在家庭中，父母把你當小孩，老婆把你當庸才，孩子要的玩具你買不起，他的作業你都不會做，這還是很尷尬。

　　好不容易，熬過了大半輩子尷尬的襲擊，到了晚年，以為身經百戰、百毒不侵、萬事看透，終於活

沒關係啦自卑

10

明白了，結果早上起來一摸褲子，尿床了。每天得戴著助聽器、包著成人尿布、拄著拐杖才能出門，尷尬嗎？簡直尷尬到死！

其實說穿了，尷尬的本質就是現實配不上美好設想，導致人在沒有防備的情況下陷入一種無所適從的境地。

可是，大家有沒有想過一個問題：為什麼人會產生尷尬的情緒呢？我覺得通常有以下幾個原因。

太在意別人對自己的評價

舉個簡單的例子，我們在大庭廣眾之下摔了一跤，會感到很尷尬──如果身邊都是陌生人，我們會迅速爬起來，然後開溜，離開目擊者的視線；而

如果熟人在身邊，也許這一摔還會引來嘲笑聲，我們頓時會覺得很丟臉，好像在別人眼裡成了傻瓜，恨不得躺在地上越縮越小，土遁消失掉；萬一再發現朋友用手機錄了影片上傳到社群平台就更覺得難堪了。

反過來試想一下，如果我們完全不在意別人的看法，還會感到尷尬嗎？很可能不會。

比如我兒子，在三歲之前，不小心摔了一跤，他會迅速爬起來，接著朝前走，根本不會覺得有什麼尷尬。但如果我這個時候跟他說：「你怎麼這麼笨呢？走路都學不會。」一次兩次還好，次數多了，他就慢慢有了意識，認為走路摔跤是一件不好的事情，下次再說，他就會顯得很尷尬，像做了錯事一樣。

10

當然，有時候被人正面評價和誇獎也會尷尬。

就像我有時候出門遇到一些企業老闆，他們會說：「黃西，你真是脫口秀大師啊。」每次別人這麼誇我的時候我都尷尬得不行，連忙否認：「別，千萬別這麼說，很多被稱為大師的人已經入土了。你過一段時間再這麼稱呼我吧。」

內心的秘密被暴露而感到尷尬

我們每個人的心中都有屬於自己的私人領域，一旦暴露，就會覺得非常不自在，很尷尬。

有一個朋友來我家做客，偏要參觀一下，從客廳到臥室，再到浴室，我用什麼牌子的洗髮精，被子什麼顏色，書架上有什麼書，藥櫃裡面有什麼藥

都被他看見了。那一刻，我真的覺得太尷尬了，他很容易就能判斷出我常拉肚子還是常便秘。我甚至很後悔請他來。臨走他還說：「這次感覺對你的瞭解加深了不少。」我只好回敬一句：「你回去寫篇觀後感給我吧，我也想瞭解一下自己。」

有意思的是，那些不通人情世故的人反而不怎麼容易尷尬。因為他們不在意別人的看法，也無所謂內心被暴露出來。但他們常常給別人製造尷尬。

當然，也不排除是一種策略。我現在看一些綜藝節目，節目裡的選手和來賓一個比一個喜歡暴露內心，毫不在意別人的看法，他們是一點也不尷尬，但我看得很尷尬。重點是現在這樣反而容易紅，美其名曰是一種「真實」。如果不怕尷尬就能紅

沒關係啦自卑

10

的話，那大街上的瘋子可以組成一個豪華明星天團了。

尷尬有時候因他人而起，也就是「共感尷尬」

　　被別人發現內心的秘密和隱私我們會尷尬，反過來說，我們不小心發現別人的秘密和隱私，也會覺得尷尬。

　　比如，我們逛街逛到一半，突然看見公司的老闆摟著一個女人走了過來，而那女人年輕得根本不像他的妻子。撞破人家的隱私就是一件極為尷尬的事情。我就遇到過這種事情，扭頭走或者躲起來已經來不及了，又不能假裝不認識，只好上前打招呼，但還是感覺十分彆扭，最後只能假裝奉承說：

「呀，嫂子真年輕。」結果老闆白了我一眼：「你認錯了，這是我女兒。」更尷尬了。

在我們自卑者的眼裡，很多其實是別人的尷尬事我們也會跟著尷尬。比方說有人當眾唱歌，而且唱的還是東北口音很重的英文歌；又比方說，有人在公眾場合求婚，我怎麼看怎麼覺得這種方式很尷尬。

所以說，尷尬這種事情有時候是相互的，你尷尬，搞不好別人比你更尷尬，大家都是尷尬的生產者，也是尷尬的搬運工，更是尷尬的承受者。

無論如何，我們還是應該想辦法盡量避免尷尬，實在避免不了就去戰勝它，因為只有戰勝了尷尬，我們的自卑感才會減輕一點。那究竟怎樣才能戰勝尷尬呢？

10

方法1：林子大了，什麼鳥都有。他都不在乎，你在乎什麼？

很多時候，我們之所以會覺得尷尬，是因為我們想多了，尤其是這種尷尬是別人的行為引起的時候。

比如電梯裡已經很滿，最後一個人上來，電梯超載警報響了。這時候大家感覺很尷尬，主要是替最後上來的那個人尷尬。如果那個人不下電梯，就更尷尬了。但有一次最後上來的人說了一句：「我們大家都提一口氣吧！」大家出於無奈提了一口氣，電梯還真上去了。後來一想，真是林子大了什麼鳥都有，人家不尷尬，我自作多情尷尬什麼啊？

方法 2：我就是戲精

這招需要考驗隨機應變的能力。

比如你走在街上不小心絆了一跤，摔了個狗吃屎。怎麼辦？就地躺下，親吻大地，說：「祖國啊，我回來了！」

又比如你去跟女孩表白，被她當場拒絕了。怎麼辦？你可以告訴她，自己最近要參加一個舞台劇表演，剛才那句只不過是臺詞，拿來練手的，別當真。又或者是你對著一輛車的車窗塗口紅，結果車窗搖下來了，裡面居然有人。怎麼辦？繼續塗啊，把那人的臉當作鏡子，當他不存在，塗完後從容地離去。

以上這些招數的本質很簡單，其實就是自己騙自己。不要覺得這有什麼不好的。我們在生活中難

道不是每天都在自己騙自己、催眠自己嗎？我們常常告訴自己，無所謂，沒關係，不要緊，又怎樣⋯⋯這些催眠的話某種程度上會產生心理安慰的作用。

方法 3：瘋狂自嘲

對於自卑的人，也許自我催眠已經沒用了。所以我有一個終極大招要和大家分享，那就是自嘲。

什麼意思呢？就是遇到尷尬，與其把它化解掉，不如把它變成一個有意思的笑話，去正視它，面對它，甚至開它玩笑。

以同樣的例子舉例。

向女孩告白，我們被拒絕了，怎麼辦？我們可以自嘲，把尷尬說出來。

「好尷尬啊，又被拒絕了。我其實在夢裡向你告白過，已經被拒絕過一次了。人們常說做夢是相反的，所以我打算在現實裡再試一次，沒想到結果還是這樣。沒關係，我自己消化一下吧，這輩子吃了那麼多垃圾食品都能消化，這個美好的告白失敗還不能消化嗎……」

這些話其實說出來更尷尬了，但我們不要害怕，大膽去說，只有這樣才能面對尷尬。

又或者，我們說了一個自認為很好笑的笑話，結果沒人笑。那我們也可以自嘲：「沒有人笑好尷尬哈，還是我再來一個更尷尬的笑話？」

尷尬不行，那就再尷尬點。所有的事情都是物極必反，尷尬到了盡頭倒是能看出來你的勇氣。

最後小結一下，化解尷尬的辦法是：爭取比別人反應慢半拍、演技大考驗和瘋狂自嘲。如果這些招式還是不能幫你化解尷尬，那麼恭喜你，你說對了，尷尬無處不在，而且不是每個尷尬都消解得了的，我們只能在一次次跟它們打交道的過程中完成蛻變和自我成長，目的不是對付尷尬，而是對付尷尬背後的自卑。

好了，這一章就到這裡，那個來我家東翻西翻的朋友傳觀後感給我了，我得看一下。

11

當眾演講：

要**不**要

先 寫好

遺書？

自卑者在生活中會遭遇很多種噩夢，但其中最恐怖的應該是當眾演講。

我曾經在當眾演講之前，整夜失眠，胡思亂想，渾身出虛汗，甚至手腳發抖，整個人都不好了。就好像我要上去的不是講臺，而是斷頭臺。

其實美國人上臺講話也很緊張。我留學的時候，一個美國同學在走上台的時候太緊張，下意識地把一個魚缸抱起來走上台，直到講完了才意識到自己抱著個魚缸。在美國的一項調查表明，大部分人最怕的事情，第一是在公共場合演講，第二是死亡。所以當眾演講比死亡還可怕。那麼上臺之前，要不要先把遺書寫好？下面就是我的遺書：

親愛的家人和朋友們，當你們看到這封遺書的

時候，我可能還活著。

　　現在就去墓地看一眼以防萬一。如果我真的活不了了，那麼我的銀行帳號是……

　　好了，現在大家都集中注意力聽了，我繼續往下講。

　　我曾想辦法去學習怎麼演講。記得以前有本雜誌叫《演講與口才》，本意是給那些有演講或者語言障礙的自卑的人看的，結果我買回來，發現上面刊載的全是名人名家的演講詞，不看不要緊，一看更自卑了。

　　直到我開始做脫口秀，幾乎每天都要站在臺上，才慢慢克服這種恐懼，但並不代表我對於演講已經充滿自信了。相反，我還是很自卑，還是覺得

沒關係啦自卑

11

在眾人面前說話、搞笑是一件不太容易的事情，只不過我掌握了一些方法，能夠讓我們應付演講台。

在此之前，我們需要先弄明白，為什麼當眾演講對於自卑的人來說既是巨大的挑戰，也是必須要面對的事情：

「當眾」是解開自卑心結的關鍵鑰匙

我們說了這麼多自卑，追根究柢，自卑的人只怕兩個字：當眾。不當眾，一切好說，一旦當眾，什麼都完了：結巴了，緊張了，頭腦短路了，邏輯混亂了。搞不好還會被觀眾轟下臺。

為什麼會出現這種情況？是因為我們在人前容易失位。

美國知名的成人教育學專家卡耐基發現，世界上根本就不存在生來就膽怯、害羞、臉紅的人。這些心理的現象都是人在後天的成長過程中因某種經歷誘發生成的。

　　這個觀點的對錯很難佐證。人是一直在成長的，一直在經歷各種事情。有些經歷讓我們內向，有些誘發了我們表現自己的衝動。到底哪個先哪個後？這是個先有雞還是先有蛋的問題。

　　不管原因是什麼，如果我們的性格本來內向，不愛說話，卻非得站在那麼多人面前去演講，展示自我，做自己並不擅長的事情，就特別容易失去自我的位置。

　　這跟踢足球有點像，我們本來是踢後衛的，以

沒關係啦自卑

防守為主，卻非要讓我們頂到前場去充當前鋒，結果導致後防空虛，一敗塗地。

我們也想老老實實地做好自己就好了，自卑就自卑吧，內向也不是什麼壞事，可社會不答應啊。

追根究柢，這個社會對內向者並不友好，更讚賞那些外向型的人。那些能說會道的、自信滿滿的人都去參加《超級演說家》、《奇葩說》、《吐槽大會》了，我們怎麼辦？有沒有一個節目是專門為咱們自卑而內向的人設計的？根本就沒有（除了這本書之外）。那怎麼辦？只能擺脫自卑，讓自己變得有自信，才能在社會上有一席之地。這是很現實的事情，而其中關鍵的一環，就是得「當眾」說話。

「演講」是通往自信的手扶電梯

當眾說話僅僅是第一步，真要有自信，還得要當眾演講。

什麼叫演講？簡單點說，就是站上舞臺，面對少則幾十人，多則成百上千人，用表演的方式講話，或者，用講話的方式表演。

這裡面有很關鍵的幾點：

關鍵 1：站上舞臺就是自信的開始

上臺，是一個形式感極強的事情，它意味著你將成為眾人的焦點，你身上所有的一切都會被放到最大，根本無法掩飾。說難聽點，這個時候你就像一隻站在舞臺上的大猩猩，所有人都希望你能逗他

們開心或者感動他們,也隨時準備為你鼓掌或者扔臭雞蛋。

這是一個極大的挑戰,那一刻你要麼是英雄,要麼就是狗熊。

不過也有例外。比如我的脫口秀俱樂部每週都有個活動,叫Open Mic,就是給那些新人一次上舞臺的機會。同樣是上舞臺,Open Mic的觀眾就要少很多,有時候台下的觀眾不會超過十個,其中九個是準備接下來要上場的脫口秀演員,還有一個是來這裡抄段子的網路寫手或影視編劇。這種場合的優點是可以訓練自己,即使講得不好,你和其他上臺的人也不在乎。缺點是有的時候你講得很好,但因為大家對Open Mic的期待值低,沒有注意到。

如果脫口秀對你來講還是太難，你可以去一些演講俱樂部，比如Toastmasters International（TI/國際演講會）。在那裡你可以講半分鐘，也可以講10分鐘，而且講完之後觀眾必須鼓掌。有即興的，有事先準備過的。這樣大家互相鼓勵著講，之後大家發言，說你哪裡講得好。很多人在這個地方找到了自信。

關鍵2：當眾演講是表達自己的最好機會

　　每個人都有要表達的欲望，自卑的人也不例外。只不過，我們因為自己的內心而不善言辭，因為害羞不敢當眾說話，所以一直沒有機會表達自己。這也容易讓他人誤解，好像自卑的人都沒什麼

沒關係啦自卑

想法，甚至大家並不關心我們在想些什麼，蠻挫折的。

當眾演講則是一次絕佳的讓別人聽我們說話的機會。我們第一次成了焦點的中心，第一次大家會仔細聽我們在說什麼，最關鍵的是，還沒人插嘴。這一刻，我們終於有了當英雄的感覺，必須要好好享受，好好表達，否則就太對不起自己了。

關鍵 3：演講的本質是表演

演講的演是表演的演。演講的時候，臺上的人是在表演。「臺上一分鐘，台下十年功」，對演講也適用。演講是要反覆磨練的。羅振宇為了準備他的跨年演講，要讓自己閉關創作，準備，並聽取專家

意見。賈伯斯承認他在大型新聞發布會之前會把要說的話練習上百次。很多美國總統不僅有演講撰稿人（speech writer）、演講培訓師，甚至還會有「陪練」幫他們把可能被政敵攻擊的地方反覆打磨加強。

相比之下，我也見過一些以說話為生的律師和教師在講話時支支吾吾、用詞不當，讓人感到既不專業也沒信心。

當然一些大人物也有透過演講替自己減分的。比如美國前總統川普當年的就職演講，就是一次大型的表演車禍現場，那可能是美國歷史上最差的一次總統就職演講。

對我們自卑者來說，當眾演講既是挑戰，也是機會。抓住這個機會，突破自己，就算不是為了成

為英雄，也是一次人生重大的歷練，而這份歷練真的能幫助我們戰勝自卑。

接下來當然是傳授經驗。我到目前為止參加過大大小小最起碼一千場的公開演講，也獲得過一些笑聲和掌聲，因此算是累積了一些有用的經驗，在此和大家分享一下：

經驗 1：要幽默

絕大多數演講都需要幽默感，尤其是在現在這種節奏很快的時代，如果一開場的幾句話抓不住聽眾，大家很可能就不想聽了，默默掏出手機打遊戲。

要迅速抓住聽眾，通常就兩招，要麼駭人聽聞，要麼喜聞樂見。也就是說，要麼把人唬住，要

麼讓人笑起來。把人唬住對於我們來說不太實際，把人逗樂倒是可以嘗試一下。

我的建議是，上臺第一句話，先講一個小段子。而且是你準備的最容易讓人記住的段子。

比如，我的開場白通常是：「大家好，我叫黃西，黃瓜的黃，西瓜的西。」簡單明瞭，又有點小幽默，還很順口。我最開始這麼介紹的時候還有人鼓掌。

以前郭德綱的開場白也很有意思：床前明月光，疑是地上霜，舉頭望明月，我是郭德綱。

他借用了一首全中國人都知道的唐詩，然後在結尾抖了一個意外的包袱，不僅押韻好記，還報上了名號，所以非常有效。

沒關係啦自卑

我建議，大家如果要當眾演講了，先想一句開場白，要符合以下要素：幽默好玩，簡單好記，介紹自己。

經驗 2：要有人設

　　既然演講是一種表演，那就必須要有人設。當然，我們說的人設不是說硬編一個與自己沒有關係的，而是要先找到自身的性格和特點，並且強化它們，讓你的人設更加鮮明突出。

　　比如我的人設，大家都很清楚，木訥、一條筋、情商不高的理工男；馬雲的人設是成功的草根企業家；羅永浩是有情懷的創業者；許知遠是名校畢業的精英知識份子，等等。

有一點很重要，就是這個人設一定要從自己身上找，要誠實，否則很容易崩塌。真誠的人設還有從一開始就抓住大家的注意力的作用。

經驗 3：要有觀點表達

大家要想清楚的一點是，別人為什麼要花時間來聽你演講？很簡單，每個人都想從別人那裡獲得點什麼。因為我們的演講僅僅是好笑還不夠，還需要表達你思考過的觀點，或者新穎，或者有趣，或者有知識含量，讓人感覺不虛此行。

所以每次在演講之前，我們都會擬一個主題，這個主題很可能就是這次演講的觀點，如果沒有主題，那演講就會變成一次空談。

這點跟我們做脫口秀很相似。脫口秀的英文叫 Stand-up Comedy，翻譯過來就是單口喜劇，雖然喜劇的目的是使人開心發笑，但所有做脫口秀的人都試圖在自己的段子裡埋一些對世界、社會、家庭以及各種人類關係的看法、情感和見解。有人說脫口秀是「養樂多」，有營養也有樂趣。我有個段子說，有人問我為什麼拿總統開玩笑，人家畢竟是總統啊！我說總統是president，我是個普通居民 resident。我們有個「p」的區別。這個段子在逗大家笑的同時，還有一個核心觀點：平等。

按照慣例，咱們小結一下。要想順利當眾演講，寫遺書時暫時不把自己的銀行帳號密碼告訴別人。當然你可以不寫遺書，但一定要準備三樣東西：幽默、人設和觀點。學好這三樣，走遍天下都不怕。

　　另外，當眾演講是會上癮的。一旦你突破了第一次，後面的就好辦了。所以，自卑的我們，一起上臺演講吧。

　　這一章就到這兒，下一章我們講如何在職場溝通中克服自卑。

職場溝通：

討厭職場，

但**請看**在金錢

的份上

根據美國的一項調查，有 80% 的人不喜歡自己的工作。大多數年輕人都很討厭職場，認為那是一個非常複雜的地方，人際關係很難處理，也很敏感，稍不注意，得罪了人是小事，降薪丟了飯碗麻煩可就大了。因為職場裡的人大都小心翼翼，生怕傷害別人以及被人傷害，說職場如戰場也是可以的。雪上加霜的是，很多現代人每天在職場的時間可能比在家還長。這種讓人患得患失的地方對我們自卑的人非常不利。可我們也要生活，也要賺錢養家糊口，因此，職場溝通顯然是不可避免的。

那我們這些自卑的人怎麼去打這場曠日持久的戰役呢？用幽默！——其他的我也教不了。只要學會幽默，你會發現其實職場上的溝通也沒那麼難。

幽默是打破同事之間隔閡的工具

大家要相信一個觀點：人和人之間是天生有隔閡的。尤其是在職場上，相當於一群本來毫無關係的陌生人聚集在一起做事，年齡、性格、背景、喜好等通通不一樣，甚至目的都未必相同：有的人工作是為了實現自己的價值，而有的人則是為了混口飯吃，還有的人是在家閒不住。

我們公司以前的司機，家裡因為拆遷分了五千多萬，跑到這裡開車兩萬多一個月，每天開開心心的，從不遲到早退，兢兢業業。問他圖什麼，他說不圖什麼，就是想和人聊天交朋友。你說一個想聊天，另一個想多做事往上爬，這兩個人能合得來嗎？

我記得我讀研究所的時候，我的研究題目很好，我也很刻苦，經常幹到後半夜，一心想發表論文當教授。我有個同學的題目很冷門，讓大家提不起興趣。他總是悠閒地找我聊天，問這問那。我心裡真是覺得很煩，感覺我是在下象棋，他在那兒看，還亂給建議。

　　過了一段時間他知趣地走了。又過了一段時間他成了耶魯大學的教授，我混不下去改行做了脫口秀。

　　有的時候有閒情逸致的人倒是能從忙碌的人那兒看出些門道，使出更大的招。

　　有同樣價值觀的同事之間不僅是合作關係，也是競爭關係，有的時候是狼多肉少，有的時候肉還要爭個你高我低。

還有一種隔閡是因為大家的言談舉止不一樣。

　　大家都喜歡不裝模作樣的人，而我們自卑內向的人，因為不愛說話，看起來比較拘謹，給人感覺就是蠻裝模作樣的。這裡我也想透過這本書替咱們自卑的人說句話，我們真不是愛裝，我們只是不會表達。

　　不管什麼原因，刺破這層隔閡顯得有些困難，你越是嚴肅和計較，同事關係就越緊張。

　　而幽默則不然，它是打破這種隔閡的最佳工具。它能讓同事對你產生有趣的印象——通常看起來有趣的人，也是好溝通的人。

　　其實幽默的本質是一種共鳴和默契，是在充滿隔閡的地方找到共通點。我以前工作的生物公司

有個主管叫Jason，平時說話圓滑，一心往上爬的樣子，大家不太喜歡他。有一次公司開會，他說：「今天是十三號星期五，我叫Jason。」大家哄堂大笑，因為有部驚悚片叫《黑色星期五》（Firday the 13th），主角是一個殺人犯，叫Jason。他拿自己開了個特別應景的玩笑以後，消除了很多隔閡。

幽默是緩和氣氛的香薰

在職場中，除了與同事之間正常的交往之外，我們還得面臨各種場合，比如內部會議、生意談判、企業活動、公司聚餐、求職面試等，有的場合很正式，也很嚴肅，有的場合本身就是為了加強同事之間的交流。

我認為，越是嚴肅的場合越需要笑聲。道理很簡單，這就好比一條橡皮筋，拉得太緊一定會繃斷的。

時緊時鬆才是最好的節奏。

比如說生意桌上談判，能力這些硬指標當然很重要，但很多人更看重合作對象的軟實力，包括企業文化、合作氛圍、溝通效率等，這些都能透過談話感受出來，而幽默感在其中能產生很重要的作用。

一個幽默的企業是有自信的，而懂得幽默的員工是企業的無價之寶。

一位顧客坐在高級餐館的桌旁，把餐巾繫在脖子上，經理對此很反感，叫來一個服務生說：「你要讓這位先生懂得，在我們餐館裡，那樣做是不合禮

儀的。但話得委婉些。」服務生走到這位顧客桌前，有禮貌地問道：「先生，您要刮鬍子，還是理髮？」客人意識到自己的行為不得體，從脖子上摘下了餐巾。

幽默可以應對不平等待遇

企業其實就是一個獨立的王國，職場也就是社會，經常會有一些類似潛規則的不平等待遇、欺負甚至歧視。尤其是我們這些自卑的人，往往會被一些前輩或者厲害點的人騎在頭上。

遇到這種情況我們通常只有兩種辦法：要麼完全不理，任他欺負，默默忍受，自己委屈生悶氣；要麼實在忍不住了，就奮起反抗，怒髮衝冠，恨不

得打對方一頓。

這兩種辦法我覺得都不可取，對解決問題一點用都沒有，反而會把關係弄得更僵。如果我們知道怎麼樣用幽默去應對，那將是完全不同的結果。

比如你工作很努力，但一直沒有漲工資。你可以說：「最近我老婆懷疑我藏私房錢了，因為我總是加班，但是交給她的薪水一直沒變。」

說了幽默在職場的不可或缺性，道理我們都懂，但具體要怎麼做呢？

對同級，要建立自己的風格

我發現一個問題，凡是在職場中無所適從的

人，通常都是沒有自我的。這可能也是自卑者的通病：小心翼翼、患得患失、害怕失敗、不敢得罪人，漸漸地就越來越卑微，找不到自我。這點在職場中特別突出。很多時候其實是我們自身定位不清楚，別人也找不到準確的方式和我們交往，造成一種難以溝通的錯位。

所以我的看法是，從你進入公司第一天起，就要讓別人知道你是什麼風格。你找對了自己的風格，也算是給別人打開了進入你的世界的門。

比如，你的辦事風格是少說多做、乾脆俐落，那麼你從一開始就要實踐這種風格。展現在幽默方式上，就是盡量講不超過兩句話的段子。

「我很倒楣，出生那年正好是我的本命年。」

沒關係啦自卑

「有人說今年是大學畢業生就業最難的一年。不要沮喪，到明年就不是了。」

「據說穿緊身褲能顯瘦，但我穿不進去。」

大概就是這個意思，學會說短笑話，說冷笑話，讓同事知道這就是你的幽默方式，慢慢對你有所習慣，也就慢慢接受你了。

對上級，認真做事，幽默做人

在職場，做事才是最重要的，尤其當你的能力很強，態度端正，業務專業，即便你不是太懂人情世故，也能贏得上級或老闆的重視。

上級的重視是你獲得自信的重要來源。

不過這還不夠，還得學會幽默不邀功，這樣才

會讓上司覺得你既會做事，又懂做人。

比如，上司問：「你這次的工作完成得非常出色，你是怎麼做到的？」

「其實都是為了還債。因為上個月雙十一信用卡刷爆了……」

什麼叫自卑？在世人的眼裡，你沒有成功、內向不說話就叫自卑，你成功了，那就是你的個人特點。

所以，認真做事，很可能會徹底改變你對自卑的認識。有本事才是硬道理。

對待下屬，那更要懂幽默了

在下屬面前，幽默是一種親和力，也是一種凝聚力，能讓你成為一個受人尊敬和愛戴的上司。

不過話說回來，我們這樣自卑的人什麼時候有過下屬？

創業是一種發揮幽默的好辦法

如果你既不知道怎麼建立自己的風格，做事專業度又不如別人，那麼聽我一句，找個機會自己創業吧。這麼說吧，如果不創業，你的自卑感將很難得到緩解和釋放。

舉個例子：

我有個朋友，在公司裡一直找不到存在感，很自卑，老闆也不怎麼喜歡他，同事也不待見他，過得很窩囊。他和老闆說：「我想出去創業。」老闆說：「我很替你擔心啊。」他說：「謝謝老闆關照，創業

不成我再回來吧！」 老闆說：「我怕的就是這個！」

後來，他終於出來創業了，自己當老闆。他發現以前面臨的那些問題頓時全沒有了：隨便說個不好笑的笑話也有人笑；他說話的時候再也沒人敢打斷他；除了客戶，他再也不用討好任何人。他整個人變得非常有自信，走路、說話、舉手投足都散發著大老闆的派頭。雖然賺得不多，但飲料店一直開著，手下兩個員工，就為了不自卑這也值了。

即使創業失敗，你也知道了當老闆是怎麼回事，知道公司是如何運營的。將來再去其他公司上班也會是一個更有價值、更加自信的好員工。

最後，我想說的是，在職場有幾件事一定要記住：

一是幽默不是耍寶，千萬不要為了去討好別人，而濫用幽默。

　　二是不要當濫好人，要懂得拒絕，當濫好人就是在壓抑自己，照亮別人，你沒有那麼偉大，這麼做只會更自卑。

　　三是要感恩，能有一份工作安身立命是一件值得珍惜的事情，你開心一些可能就是公司最大的價值，你會更容易被大家接受，你的自卑感會逐漸消失。

如果不論你怎麼爭取，公司就是不給你好案子，你心態好也可以從別人那裡學些東西。說不定你之後就去耶魯大學當教授了呢。

好了，這一章就到這兒。下一章我們講如何在男女關係中運用幽默感。

沒關係啦自卑

親密關係：

戀愛是一場
只有一個觀眾
的脫口秀

戀愛這個東西很怪，有點像一種超能力。戀愛伊始像突然登上九重雲霄，幸福得不得了；失戀之時覺得整個世界頓時一片漆黑。有的時候一句話都還沒跟對方說，就讓你充滿幻想興奮無比，或充滿猜疑鬱悶無比。在感情上沒自信能影響人生。它會讓我們徹底產生悲觀情緒，認為自己缺點太多，沒有人會喜歡自己，並且有可能永遠錯過自己最喜歡的人。

很多人認為戀愛是不能教的。他們說，如果世界上真有能教人戀愛成功的秘笈，那就不會存在這麼多失敗的戀情了。但我想告訴大家的是，那是因為這些人沒遇到我，如果他們早一天遇到我，看過我的書，也許就不會戀愛失敗了。

13

戀愛成功的秘訣是什麼呢？幽默。

　　不過在說具體的方法之前，要先給我們這些自卑的人打打氣：我鼓勵自卑的人去戀愛。為什麼呢？

追求喜歡的人是自卑者獲得勇氣的最佳方式

　　戀愛的前提是雙方都同意。如果對方不同意，你非要說人家和你是情侶，這叫追星，更難聽的叫無賴。因此，我們首先得「追」。

　　「追」很明顯是個主動的行為。然而，從被動到主動，對於自卑的人來說，那是一個巨大的門檻，需要跨越。

　　自卑的人往往是膽小的、被動的，通常是以暗戀開始，暗戀結束，結果是錯過。我們首先要做的

是走出暗戀。

當然，對於自卑的人來說，要走出暗戀當面表白確實很難。但你要記住，一旦突破了這關，那你至少有了 50% 的獲得對方同意的機率。如果你不突破這一關，你獲得對方同意的機率是 0%。而且 50% 的機率相當高了，這比考取以色列空軍飛行員的成功率高多了，以色列空軍飛行員考取率才 10%。

對女孩示好的方法很多，但最起碼要尊重對方。

我們可能都見過那種吹口哨的男性，其實，這種辦法在人類 5000 年歷史上從來沒好用過。我沒聽說過哪個女孩正走路呢，突然聽到口哨聲響，馬上停下來想：「他真懂我。我們加個好友吧！」首先尊

13

重對方，你再盡量勇敢放心地去追。

《詩經》裡說：窈窕淑女，君子好逑。

對異性的追求是人類的天性，沒什麼好自卑的，你有表達愛的權利；更不要害怕被拒絕，或被拒絕後心懷仇恨，因為人家也有不喜歡你的權利。無論結果如何，至少你展現了主動的姿態，這就等於邁出了重要的一步。

不過你如果長得美若天仙，也可以直接跳過這一步。

如果你是一個女孩，有一個心儀的男孩，你也可以主動追。我們的社會對主動的女生是有偏見的，導致很多女孩喜歡男孩以後不敢追。我在讀書的時候就遇到過這種情況。我明顯感覺到幾乎所有

的女生都在暗戀我，而不喜歡我的女孩就是我追過的那些。這裡開個玩笑，但的確沒有女孩追過我。

如果你是自卑的女孩，我建議你也嘗試一下我的建議，勇敢但謹慎地追求自己喜歡的人。

只有戀愛才能讓自卑的人真正審視自己

當你突破了第一關，有幸得到了對方的同意，那麼恭喜你，你將進入更難的一關：戀愛。

自卑是一個人的事，但戀愛是兩個人的事。

我們單身的時候可以躲起來自己自卑，沒人攔著你，但在戀愛中，你一定要審視自己的自卑是否會給另一方帶來困惑甚至傷害。這是對雙方的負責。

人們常說「攻城容易守城難」，而對於我們這些

　沒關係啦自卑　13

自卑的人，則是「追人很難，守人難上加難」。有的時候，接受你可能是同情你，或者正處於空窗期，閒著也是閒著，多一個買單的也還不錯——話雖然有點難聽，但事實可能就是這樣。所以千萬不要得意，必須得發揮自己的魅力讓人家真正喜歡上你才行。這個時候，我們就需要好好地審視自己。而對方就像是一面鏡子，我們要學會從對方身上看到自己的問題。

戀愛對自卑的人來說，是一次真正的提升和成長

一方面，戀愛是盲目的、衝動的、快樂的，它能讓自卑者體驗到從未有過的被愛、被關心的溫暖感覺，也能讓他感受到為其他人付出的滿足。

另一方面，戀愛又是現實而深刻的，它逼迫著你去面對一些之前不願或不敢面對的人和事，逼迫著你去承擔一些責任。

　　我有一個朋友，在戀愛之前都渾渾噩噩的，整天像隻無頭蒼蠅似的，得過且過，但自從有了女朋友，完全像變了一個人似的，努力工作，積極生活，後來一問，說是準備要買房。

　　現在年輕人抱怨結婚得有房有車。的確我結婚的時候沒房也沒車，但我一點都沒嫌棄她。但這對現在的年輕人來說是個挑戰，也是個機會。以前看愛情片裡總說：「你讓我想成為一個更好的男人。」現實裡也的確是這樣。好的愛情激勵你上進。

　　既然戀愛對我們這些自卑者來說這麼重要，那

沒關係啦自卑

13

具體要怎麼做才能在情場上打勝仗呢？

戀愛其實就是一場只有一個觀眾的脫口秀，而幽默就是我們的武器。講脫口秀你要做的就是讓那唯一的觀眾認可你、喜歡你並且為你歡呼鼓掌。戀愛裡歡呼鼓掌就沒必要了，每天活得像綜藝節目就有點過了，但戀愛的確是要對方認可你，喜歡你。

這當然需要一些方法。我替大家歸納了一下：

方法1：要像抖包袱一樣循序漸進

沒有哪個演員一上臺就能自信滿滿讓人爆笑的。

得先打個招呼，介紹一下自己，鋪陳一下，然後再甩包袱。有時候包袱不響，得換個方式再抖。談戀愛也是一樣，不能操之過急，需要鋪陳，反覆

嘗試，才能找到自己的方式。

以「表白」舉例吧。

那種大開大合、深情款款、驚天動地、臭不要臉的告白方式肯定不適合我們這些自卑的人，要堅決摒棄。我們可以把它分為四個步驟：試探、醞釀、出擊、等待失敗。

試探，我們可以先從線上聊天開始。

傳訊息給喜歡的人是門技術：你不能太積極，一下子發十多則，這會讓人反感；你也不能太消極，十多天發一則，這會讓人以為你對她／他無所謂。當然，那些露骨的話、煽情的話、奇怪的貼圖、毫無內容的廢話，比如「多喝熱水」之類的，也盡量不要發。

13

直接發紅包當然也不可以，真的很想發，可以先發給我。

　　這也不行那也不行，那說什麼呢？

　　要發有價值的話，比如對她關心的事情的意見和看法。

　　要說實用的話，比如一起出去約會，吃飯逛街或者給她和她的家人提供實際幫助。

　　要說關心的話，關心她的健康和心情。

　　要說真心的話，不要撒謊和故作聰明地賣弄。

　　而且，還要學會從她／他的文字裡看出玄機。不要透過貼圖判斷任何事情。相信大家都見過女孩哭喪著臉發哈哈大笑的貼圖。文字其實是最真實的反應，你仔細看，完全可以從文字中看出對方的情

緒和真心話，這點，我想對我們這些內心戲豐富的自卑者來說，反而是一種優勢。

接著是醞釀。

尋找一個合適的時機，包括你對兩人關係深淺程度的判斷、合適的時間節點和合適的場合。

然後就是出擊告白了。

有個朋友問我：「我追不到女孩怎麼辦？」我說你乾脆就向你所有認識的女孩表白吧！結果他拉了個群組！

告白一定要面對面，更重要的是一對一。

告白真的沒有什麼訣竅，不需要演技，也不需要氣氛烘托，那些反而會讓你表現得更糟糕。只要一點：真摯。只有真摯才能打動人。

沒關係啦自卑

13

然後是等待失敗。

為什麼要等待失敗？其實就是要大家降低自己的期待，期待越高，失望也就越大，尤其是對自卑的人。所以乾脆等待失敗，既符合我們自卑者的心態，也不用給對方太大壓力。這樣的告白成功才更有意義。

如果你是真的喜歡她但表白失敗，那你真的得打持久戰，而且要屢敗屢戰。

方法 2：把情話包裝成段子

在戀愛中，沒有人可以不說情話。我一直覺得相敬如賓、相濡以沫這些詞都是那些在男女關係中不太想付出的文人瞎編出來的。

所以情話一定要說。怎麼說？可以用段子。

比如：如果愛上你是犯罪，那我希望在你心裡服無期徒刑。

或者：認識你之前我一直想獨唱，認識你以後我想說相聲。

有個歷史專業的同學說：從今天開始讓我們一起寫我們的家譜吧！

在愛情裡你是主角，珍惜這個機會，愛怎麼演怎麼演。

我不贊成過度表演，因為愛情是一種好的表演，不是演技撲街的表演，好的表演是動真情的。說情話的時候可以把它當成一種表演訓練，就像在脫口秀中的段子表演訓練，因為很多情話說著

13

說著就成真的了，而情話這種東西無所謂真假，你的另一半都愛聽。在腦子裡，在洗手間多練幾次也無妨。你有好兄弟的話，拿他來練習也可以，如果你連他都打動了，基本上就成功了。別覺得這個太假，如果女孩知道你這麼下功夫練習，至少會感動——很多人說女孩是被感動以後墜入愛河的，這話真實度很高。

怕就怕在，連情話都不願意說，那個時候，愛情就快到期了，該考慮結婚了。

方法3：要針對不同的戀愛場景拋針對性的幽默

吃高雅的浪漫晚餐時，我們可以表現得笨拙一點，製造反差，反而是一種可愛的有趣。比如用攪

拌匙來喝咖啡，詢問 2018 年產的紅酒是不是過期了。

看電影的時候，尤其是恐怖片，男生表現得更膽小一點，女生表現得更Man一點，同樣是錯位的喜感。

看愛情片的時候揶揄一下對方含淚的眼睛。

看綜藝節目的時候，我們可以盡情開裡面的主持人和來賓玩笑：「看，上一次黃西比女主持人高，這次怎麼又矮了？是不是增高墊洗了沒乾忘記穿了？」

生日送禮物的時候，我們可以更矯情一點：「我路過櫥窗看見了一條項鍊，覺得高貴、典雅、完美，和你的氣質很配，所以我用手機拍下了它的照片，印出來送給你……」

沒關係啦自卑

方法4：要像優秀的脫口秀演員一樣，只要上臺就有責任把笑話說完

和一個人在一起是因為愛，而要維持這段關係則需要責任來支撐。就像我們既然選擇站上舞臺，就不要中途退場，中途退場是對自己的不負責任，也是對觀眾的不尊重。

但有時候，我們確實存在心理障礙，怎麼辦？要置之死地而後生。

我一個有點自卑的朋友，好不容易鼓起勇氣追到了自己喜歡的女生，那女生也喜歡他，快到結婚的時候他卻退縮了。他擔心自己沒有能力給那女孩一個好的生活，於是陷入苦惱，脾氣也越來越差。我告訴他，你這樣不對，要置之死地而後生。他聽了我的

話，向我借錢結了婚，給了對方一個交代。現在他和他老婆已經好幾年不和我聯絡了，錢也沒還。

但據說兩個人過得可好了。

如果一段感情最終以失敗告終，我們不要悲傷和自我貶低，就像一場脫口秀的結尾，要學會禮貌謝幕。即使演得不成功，你也要感謝人家讓你知道哪個段子值得保留，哪個段子得扔掉或修改。這是對他人的感恩，也是對自己所做一切的肯定。

能在一起就是緣分，時間再短，也是美好的回憶。

沒關係啦自卑

13

最後，我想對那些自卑的人說，在戀愛中，我們千萬不要因為自身的自卑而放低自己，去無條件地討對方的歡心。男女關係中最重要的是平等，不平等的戀愛我建議放棄，因為那只會讓你更加自卑，最終以悲劇收場。

好了，這一章就到這兒。下一章我們講與人初次見面時幽默的運用。

14

初次見面：

你好，

我的**名字**叫

自卑

我們每天都要遇見陌生人。有的只是一面之緣，今後不會再產生交集，比如路上問路的、餐廳服務生、來看我演出的觀眾等；有的則是交往的開端，今後會有或深或淺的來往，比如相親、面試、談生意等。

無論哪種類別，我們都應該給這些初次見面的人留下好的印象，這既是禮貌，也是交際手段。

我們常說要與人為善，不僅僅說的是和熟悉的人，更指的是初次見面的人。看一個人有沒有修養，就看他是怎麼對待陌生人的。

如何在初次見面時給人留下好的印象呢？除了禮貌，最重要的就是幽默感了。研究表明，幽默的人給他人的第一印象是最好的。

不過在此之前，我們需要搞清楚一個問題：為什麼初次見面的表現對我們自卑的人這麼重要？

初次見面的表現對今後的交往至關重要

心理學中有一個初始效應定義，說的是交往雙方形成的第一次印象對今後交往關係的影響，雖然這些第一印象並非總是正確的，卻是最鮮明、最牢固的，並且決定著以後雙方交往的進程。簡單點說，初次印象好，以後什麼都好，初次印象不怎樣，以後也會受影響。

有一位心理學家曾做過一個實驗：

把被試者分為兩組，讓他們同看一張照片。對甲組說：這是一位屢教不改的罪犯。對乙組說：這

是位著名的科學家。

　　看完後讓被試者根據這個人的外貌來分析其性格特徵。結果甲組說：深陷的眼睛藏著險惡，高聳的額頭表明了他死不悔改的決心。乙組說：深沉的目光表明他思想深邃，高聳的額頭說明了科學家探索的意志。

　　這個實驗表明第一印象形成的是肯定的心理定向，會使人在後繼瞭解中偏向於發掘對方具有美好意義的品質。若第一印象形成的是否定的心理定向，則會使人在後繼瞭解中偏向於揭露對象令人厭惡的部分。

　　所以我們常常喜歡美化初次見面，比如清代著名詞人納蘭性德的名句「人生若只如初見」，大概的

意思是感慨要是我們的關係沒有改變，還是停留在初次見面時的美好，該多好。

這當然只是一種美好的願望。而對於自卑的人來說，如果這個頭沒開好，接下來不單單是別人對自己的感覺會不好，就連自己也會懷疑自己，甚至表現越來越糟糕，甚至會消極應付這段關係。

與人初次見面時暫時隱藏我們的自卑

我有一個朋友，在認識的人面前內向自閉、沉默寡言，在陌生人面前常常自信滿滿。他問我是不是很分裂，我說你這不叫分裂，叫自卑。

在熟悉的人面前，因為對方對自己很瞭解，對於自卑的人來說，就好像脫光了衣服一樣，被人看

穿，做什麼都覺得彆扭；但在陌生人面前，因為對方並不瞭解自己，反而更放得開。

這對我們自卑的人來說，既有好處也有壞處。

好處在於，我們在與人初次見面時能放鬆一點，壞處在於，一旦與人第二次交往，內心的自卑就會不自覺地暴露出來，很可能會發揮得比第一次糟糕很多，給人反差很大的印象。

如何平衡這種反差，是自卑者要面臨的重大難題。

最後，打贏初次見面這場戰役能有效幫我們建立心理優勢。

初次見面的成功，不僅能讓別人在今後的交往中對我們有個好印象，也能讓我們建立一些心理優勢。

從心理學的角度來說，當我們知道對方對自己印象不錯，還挺喜歡自己的，下次可能就會變得更有自信一點。反之，下次則會表現更加糟糕，甚至沒有下一次了。

　　人與人之間的交流是相互作用的，也是需要回饋的。回饋的好壞決定了往後的心理狀況。

　　我在與我兒子初次見面時，就計畫在他面前建立心理優勢。我當時在產房，對著眼睛都只開了一半的他，非常明確地說：「你好，我是你爸。記住了，今後你得聽我的。」這招很有效。我現在在我兒子面前還是非常有自信，說一不二。

　　既然初次見面這麼重要，那我們應該用什麼辦法去度過這一關呢？

方法 1：運用幽默的語言

幽默的人更容易在初次見面時給人留下好的印象。這點我有發言權，因為我和我太太之所以能走到今天，正是因為第一次見面時，我給她的印象很好，她覺得我這人肯定很幽默，能為她的生活帶來樂趣。我到現在還能清晰地記得她開懷大笑的樣子。

有的時候甚至先讓對方笑一下再介紹自己可能更有效。

幽默在初次見面時真的非常重要，運用起來卻非常難。我的經驗是想辦法找與對方的共同點。

比如，地域是一個最好的共同點。都是吉林的，這當然最好；不行的話就都是東北的；如果這也不是，那就都是北方人；如果一南一北，那就咱

都是中國人。

　　我的一個美國朋友在中國生活，見人就問：「你是哪兒來的？」我說：「我是東北人。」他說：「太巧了，我也是東北人，美國東北的。」連美國人都能和中國任何一個地方的人拉上關係，你有什麼理由不能呢？

　　覺得聊地域太俗，也可以試試聊愛好。電影？文學？遊戲？釣魚？網購總不會錯了吧……然後就是家庭。都有孩子的聊孩子，都有老公的聊老公，都單身的就聊單身……你也可以聊專業或者教育程度。

　　做傳媒的跟傳媒的，做IT的跟不懂電腦的，等等。

　　又或者，你大學畢業，我也大學畢業，你博

士，我也博士，你留學歐洲我去過通州，我去了美國德克薩斯州你去了山東德州，你去了日本東京留學，我上過京東買東西。有些聽起來很牽強，但在初次見面的時候會很有效。

很多時候，我們交朋友就是一個求同的過程。

方法 2：運用幽默的動作

不知道大家有沒有看過豆豆先生的表演，他的很多影片中是沒有臺詞的，只有肢體動作，卻讓人感覺好笑。因為他在刻意誇張一些在我們一般人看來不重要的細節，而這些無關緊要的細節，恰恰就是幽默的要點所在。裡面有很多值得我們學習的地方，並且可以運用到初次見面上。

比如握手，一個很簡單的動作，我們有好幾種喜劇表演方式：

1. 假裝手被握得很痛，對方會很吃驚，以為不小心弄痛你了。

2. 用黑人的手勢跟對方打招呼。

3. 假裝有靜電：「沒想到我倆還挺來電的。」

4. 對方手掌伸過來的時候，你出剪刀。

諸如此類，要讓對方覺得你這人蠻有趣的，但又不覺得煩。這個分寸很重要。

方法 3：運用幽默的思維

在與人初次交談的時候，幽默的想法是很吸引人的。

沒關係啦自卑

14

比如談到孩子，大多數人的想法是好可愛，好有愛。你可以用幽默的思維來表達看法。我曾經有個段子是這樣說的：「我每次看到有人車後面貼有『車內有嬰兒』的標語就離他一點。在我看來，這個標語就是個恐怖威脅：我現在有個哭鬧的孩子和嘮叨的老婆，我已經不怕死了。」

　　還有，說到交通意外，很多人覺得是一件很恐怖的事情，我倒覺得也未必。

　　我曾設想過：「我要是死於交通事故的話，我希望是跟水泥車相撞，這樣死後立刻就有了一個我的雕像。這樣就不用擔心以後葬在哪裡了，直接進博物館。」

　　大概就是這樣，運用幽默的思維去與初次見面

的人聊天，對方一定覺得你太有趣了。

方法 4： 如果你不懂幽默， 那就盡量誠懇、誠實

初次見面，我們習慣戴著面具示人，但實際上，一開始就卸下面具，誠實誠懇，才是大家相互之間建立信任的前提。而且，有時候誠懇能救你一命。

在美國的時候，有一次我和朋友從俱樂部演出回來，已經很晚了，經過一個治安比較混亂的街區，我們都很緊張。結果車開著開著，突然另一輛車猛地從黑暗中衝出來，橫在我們前面。接著從車上下來幾個彪形大漢，手裡拿著槍，走過來，敲敲車窗要我搖下來。我那時候都嚇壞了，顫抖著把

沒關係啦自卑
14

車窗搖下來，看著他們。他們問我們是幹什麼的，我很誠懇地說我們是脫口秀演員，剛表演完準備回家。他盯著我看了幾秒鐘，突然噗哧一下笑出聲來，說：「你這樣還是個脫口秀演員？太好笑了。」之後就放我們走了。

當然這個例子比較極端，但道理就是這樣。

現在大家多聰明啊，你是誠懇的還是裝模作樣的，都能一眼看出來。本著以誠交友的態度總不會錯。

其實我們前面已經說過多次，只有面對自卑，承認自卑，才有可能戰勝自卑。不過有一個疑問是，有沒有必要在初次見面的時候就主動暴露自己的自卑？

我覺得非常有必要。不僅要暴露，而且要精準主動地暴露，這不僅是一種誠實，更是一種策略。

　　我們常常會聽到有這樣的開場白：「對不起，我這人不太會說話。」請注意，接下來你會發現他其實還蠻會說話的。或者，「我嘴笨，說錯話或者得罪人請包涵」，這同樣是一種策略——先跟大家交底，暴露自己的缺陷，也算是給對方打個預防針：說得好是我超水準發揮，說得不好情有可原。

　　也就是說，主動承認自己自卑說到底是一種謙遜，是把自己放低，在這個基礎上去表達、說笑，哪怕真說得不好，都會給人不錯的印象。

　　當然，加點幽默就再好不過了。

沒關係啦自卑

14

最後，需要提請大家注意的是，我們自卑者常常喜歡做一些相反的事情。越是自卑表現得越自大，越是不被關注越是希望獲得關注。這種刻意表演「不自卑」的方式恰恰是極度自卑的表現，給人一種心智不太成熟的感覺。希望大家千萬不要去嘗試。

　　好了，這一章就到這裡。下一章是這個系列的最後一章：社交場所的幽默運用。

15

社交情境：

要麼**不開口，**

要麼

笑倒一片

這是最後一章，我不打算講任何道理了，直接教方法。前面十四課的講解，我一直在重複同一個道理：直面自卑，真誠交流，讓沒自信成為我們的風格，讓幽默成為我們的武器。

如果你經過十四章的學習，已經徹底理解了以上原理，那麼恭喜你，你將帶著一種有所得的心態去實踐，去各個社交場所，展示你的學習成果。

這一章，我將會列舉十個我們有可能遇到的社交情境，來教大家用幽默的方法和心態一一擊破。準備好了嗎？

飯局

我們常常會被邀請去參加一些飯局，尤其在北

京、上海這樣的大城市，幾乎每天都有飯局出現。

你要是愛喝酒，日子就太爽了——隨便到一個飯局說：「對不起，我遲到了，罰酒三杯！」然後說：「對不起，走錯包廂了，再罰三杯！」

這種飯局既能聯絡感情交朋友，也能進行利益交換，是一個非常重要的社交場合。

自卑者們難免也會被邀請參加這樣的飯局，但因為內向不善言談，所以很緊張，怕被冷落。這時候喝點酒壯膽倒是能讓自卑者敞開心扉。飯局開始通常是講客套話，酒過三巡菜過五味之後就是「多有緣分感情多深」，再喝多了就開始挑毛病說其他人不是東西。所以在大家互相說好話的時候放開說你對其他人的感激，講幾個自己的經歷或新聞八卦。

沒關係啦自卑

15

不過這畢竟是社交場合，有些事情還是要注意。

有一次，我去參加一個飯局，剛開始不久，一個女服務生進來，手上拿著個袋子說：「來，把手機都扔到這個袋子裡，我暫時保管，以免有人偷錄。」我們想想也對，就把手機都扔了進去，還誇這個餐廳想得周到。等吃到一半，我突然有事要打電話，找那服務生要手機，結果怎麼找也找不到。後來查監視器，發現那假服務生早拿著我們一袋手機溜走了。

首次去拜訪未來的岳父岳母

這是一件很讓人緊張的事。首先要記住，你有這種感覺就對了，說明你對女孩是認真的，最起碼想讓女孩在她父母面前過得去，更想讓她父母認可自己。

因為是第一次見面，你需要做到的是兩個字：討好。而且要討好得有懸念有包袱。

比如誇準岳父岳母年輕：「姐姐姐夫好，軒軒的父母在家嗎？」

「阿姨我們之前在哪兒見過吧？對了，我好像在家裡掛曆上見過您的照片。」

「我最喜歡軒軒的一點就是，她給人感覺很有家教。」

「看您一家人的身材，阿姨做飯不僅好吃而且還減肥啊。」

當然，要記住，無論你怎麼討好，適當的時候也要嚴肅，比如在對愛人的情感和責任上一定要嚴肅誠懇，否則容易給人留下油腔滑調的印象。

沒關係啦自卑

15

與網友見面

網路給了我們表達的空間，同時也在某種程度上讓我們習慣了表演和掩飾。很多人在網路上非常生猛睿智，在生活中卻自卑內斂。

而在網路時代，與網友見面已是一種社交的常態。我是希望那些自卑者能偶爾從網路的情境中脫離出來，去與網友見面，感受真實的生活。

可是這樣我們又會有一種擔心，害怕自己的自卑呈現在人前，而失去了神秘感和好不容易在網路上累積起來的一點點自信心。怎麼辦？

首先，盡量選自己熟悉的場所，比如常去的咖啡館、小餐館，或者酒吧，而且服務生認識你的地方。

其次，盡量參加人少的網友見面，最好一次不超過三個人。人越少，意味著你發言的機會越多。一定要避免那種動輒幾十人的網友見面會，自卑者很容易淹沒其中。

　　最後，大膽承認自己的偽裝，用自嘲的方式承認自己和網上其實是兩種性格，甚至是兩種長相，坦然面對。對方反而會因此對你產生尊敬，因為一個人願意把他真實的一面暴露在你面前，表示了他對你的信任。

和同事聚餐

　　在工作之餘，與同事的聚餐是避免不了的。我們自卑者要做的，就是盡量不要出風頭，默默保持

自己的人設，不要刻意去討好主管或者親近同事，同時在別人拋來話頭時，要運用自己的幽默接上話。

比如有一次聚餐的時候，老闆說：「我們工作要腳踏實地，不能著急，別總想著一口吃個胖子。」我說：「您是要不要讓我們吃這個紅燒肉啊？」

當然，你最好有一項專屬技能，能讓你一鳴驚人。

我以前不大敢於在聚餐的時候表達，也不擅長唱歌，但去KTV的時候，我倒是會模仿麥可傑克森唱幾句，然後再走個太空步讓大家驚喜，博些掌聲。

身為好友婚禮的嘉賓

在好友的婚禮上，被邀請上臺講話也是常有的

事情。這時候也不要慌，記住今天的主角是新郎新娘，你可以放鬆心情，說些調侃的話。一方面講講你們之間的友誼，以前一起做了什麼好玩的事、新人單身時的慘狀，以及你是怎麼給他們當燈泡的；另一方面，來賓聽了好多嚴肅動人的話，也想圖個開心，你可以說：「認識她之前，他不是很開心，笑起來也是皮笑肉不笑。認識她之後他的笑就從表皮轉移到了心臟。我是怎麼知道的呢？是當他們兩人的電燈泡時發現的。」

　　諸如此類。記住，出於對女性的尊重，盡量調侃新郎，而不是新娘。

擁擠的大眾運輸工具裡遇到熟人

大眾運輸工具既是我們的移動方式，也是我們的社交場所。特別是在大城市，地鐵上人滿為患，本來不想說話，但恰好一個熟人出現在你旁邊，挨得很近，躲也躲不開，只能硬著頭皮打招呼聊天。

　　聊什麼呢？一起吐槽講段子吧！

　　你說：「你的保時捷送去保養了？我的瑪莎拉蒂也是。不過還是坐地鐵好，要不然能碰到你嗎？不過保時捷和瑪莎拉蒂真碰上了，車就報廢了！」

　　也可以吐槽今天的工作中遇到的不順心，吐槽上司，吐槽同事，吐槽垃圾客戶，吐槽中午的外送和快遞——我們可以把搭地鐵回家的路當成一趟解壓之旅，把這些壓力在擁擠的人群中釋放出去，也許在分開後，出地鐵的那一刻，我們的心情陡然就

變好了。

參加孩子同學的生日party

　　這點適用於孩子父母。現在年輕的父母基本上都是圍著孩子轉，除了上班，就是陪孩子參加各種才藝班，時不時還要考慮孩子的社交問題，比如帶孩子參加同學的生日party，參加各種夏令營、冬令營，去人多的遊樂場所，等等，都是為了讓孩子交朋友，讓他們不至於太孤獨。

　　說回生日party，說是孩子的社交場合，其實也是大人的社交場所，大家本來不認識，也沒有生意往來，是為了孩子硬湊在一起的。那在一起說什麼呢？

　　　　　　沒關係啦自卑　　　　　　15

我的建議是，除了與孩子有關的話題，什麼都不要聊。

　　既然我們是因為孩子坐在一起，那就乾脆純粹點，只聊孩子，聊他們的教育、生活和成長中有趣的事，而在此之外的，其實大家並不關心。

　　話題的單一性在這樣的場合是有好處的，它讓我們更集中注意力，人際關係也更簡單，相互之間也不會有太大壓力。

　　但記住一點，不要炫耀自己的孩子。因為每個爸爸媽媽都覺得自己孩子是最好的。

在洗手間遇見上司

　　這是一個非常奇怪的社交情境，但它會真實出

現。我們可以先分析一下這個奇妙的場所，它既隱私，又公開，既讓人覺得羞恥，又讓人想要坦蕩。

在一些影視劇中，很多聊天場景是發生在洗手間的，比如一邊洗手，一邊對著鏡子整理妝容，一邊話裡有話地聊天。

再來說說上司。毫無疑問，在工作場合大家是有等級之分的，上司通常也會比較嚴肅，但到了洗手間，上司通常會比你還要尷尬。為什麼？因為那是一個無法讓他的威嚴產生作用的地方。你沒有見過哪個上司上廁所的時候還官腔十足吧：「咳咳，小黃啊，我要上廁所了，我就簡單說兩句……」通常不可能這樣。

那麼，我們要做的，其實就是化解上司的尷尬。

沒關係啦自卑

15

怎麼化解？不要和他說話，讓他專心上廁所。我有一次在廁所裡遇到一個粉絲求合影，非常尷尬。還好是拍照不是錄影片，聽不到聲音。所以在你的上司結束之後來到洗手台時，你再說想說的話，這個時候大家剛剛把需要在廁所裡完成的重任完成了，心情都蠻好的。

說什麼？說工作以外的話題。把工作的事留到辦公室去說，把閒話留在洗手間裡。這樣做的好處是，讓老闆知道你是一個公私分明的人，是一個懂分寸的下屬，會對你產生好印象。

老同學聚會

去參加老同學聚會，不管你混得好還是不好，

都盡量少說話。因為你混得好，話太多，別人會覺得你炫耀；混得不好，話太多，別人會覺得你好煩。所以，我們盡量做到要麼不開口，要麼笑倒一片。

怎麼做？

我們在去之前，先把當年的校園經歷仔仔細細回憶一遍，找出覺得有意思的共同記憶，把它們提前琢磨成段子，儲存在自己的腦海裡，等到了聚會上，找機會再把這些段子一一拋出來，效果也就有了。

現在大家都喜歡那種冷不防爆出笑料的人，而不是那種時時刻刻談笑風生的老油條。

記住，在同學聚會上盡量只說青春記憶，不談現實問題。不問別人的收入，不問別人的家庭，更

沒關係啦自卑

15

不要關心別人的車子和房子。不要總想辦法給自己和別人找麻煩。

相信我，只有拿青春作樂的同學聚會，才會真的做到好聚好散。

面試

每個人找工作，都會經歷面試，如何在面試中運用幽默也是一種學問。

面試和演講一樣，對方不是很容易看得出你內心的緊張，你的自信倒是很容易傳遞給對方。比如面帶微笑主動握手，注意見面之前要偷偷把手擦乾，而且握手要握得稍微用力一些。如果對方感覺你的手又軟又濕像條死魚就不太好。

從自我介紹起就可以植入幽默。這點我們前面有一章說過，找到自己名字的趣味點。比如我有個朋友李歐川，他喜歡這樣介紹自己：「我姓李，名歐川，歐巴馬的歐，川普的川，我時常覺得自己像是他們倆在一起生的孩子。」

現在有很多人有英文名字，也可以拿來幽默一下。演員曹瑞的英文名字叫Sorry。這名字就可以開很多玩笑。比如有人問：「What's your name?」他說：「I'm sorry.」

面試的過程中要真實，但這不妨礙你運用一些幽默。有一次面試官問我，「你的短期目標是什麼？」

我說：「多短？」他說：「你現在最想實現的目

　　　沒關係啦自卑　　　15

標是什麼？」我說：「我現在最想實現的目標就是回答你提出的這個問題。我好像已經完成我的短期目標了呢！」

當然，生活中我們遇到的社交場所何止這十個，每一個都需要我們這些自卑者去探索和面對。最後送給大家一句話，自卑不可怕，它不是敵人而是朋友，我們不是去對抗它，而是去擁抱它，讓它和我們和平相處，久而久之，你會發現，自卑也能散發出迷人的光芒。

　　好了，這本書到這裡就全部結束了。祝大家開心，好運。再見。

優生活 200

沒關係啦自卑：
從自卑到自信，從害怕舉手發言到脫口秀冠軍

作　　　者 —— 黃西
副 主 編 —— 朱晏瑭
封 面 設 計 —— 李佳隆
內 文 設 計 —— 林曉涵
校　　　對 —— 朱晏瑭
行 銷 企 劃 —— 蔡雨庭

第五編輯部總監 —— 梁芳春
董 事 長 —— 趙政岷
出 版 者 —— 時報文化出版企業股份有限公司
　　　　　　　108019 臺北市和平西路 3 段 240 號
　　　　　　　發 行 專 線 — (02)23066842
　　　　　　　讀者服務專線 — 0800-231705、(02)2304-7103
　　　　　　　讀者服務傳真 — (02)2304-6858
　　　　　　　郵　　　　撥 — 19344724 時報文化出版公司
　　　　　　　信　　　　箱 — 10899 臺北華江橋郵局第 99 信箱
時 報 悅 讀 網 —— www.readingtimes.com.tw
電 子 郵 件 信 箱 —— yoho@readingtimes.com.tw

法律顧問 —— 理律法律事務所 陳長文律師、李念祖律師
印　　　刷 —— 勁達印刷有限公司
初 版 一 刷 —— 2023 年 2 月 17 日

定　　　價 —— 新臺幣 320 元
（缺頁或破損的書，請寄回更換）

時報文化出版公司成立於 1975 年，並於 1999 年股票上櫃
公開發行，於 2008 年脫離中時集團非屬旺中，以「尊重智
慧與創意的文化事業」為信念。

ISBN　978-626-353-412-4　　Printed in Taiwan

沒關係啦自卑：從自卑到自信，從害怕舉手發言
到脫口秀冠軍/黃西作. -- 初版. -- 臺北市：時報文
化出版企業股份有限公司, 2023.02
　　面；　公分
ISBN 978-626-353-412-4(平裝)

1.CST: 說話藝術 2.CST: 幽默 3.CST: 自我肯定
4.CST: 成功法

177.2　　　　　　　　　　　　　　　111022402